Tai wan
wen hua ren
zai shang hai

台湾
文化人
在上海

杨雨文 → 主编

海风出版社
HAIFENG PUBLISHING HOUSE

台湾文化人在上海

台　湾　文　化　人　在　上　海

臺灣文化人在上海

吳伯雄 敬題

Contents

录

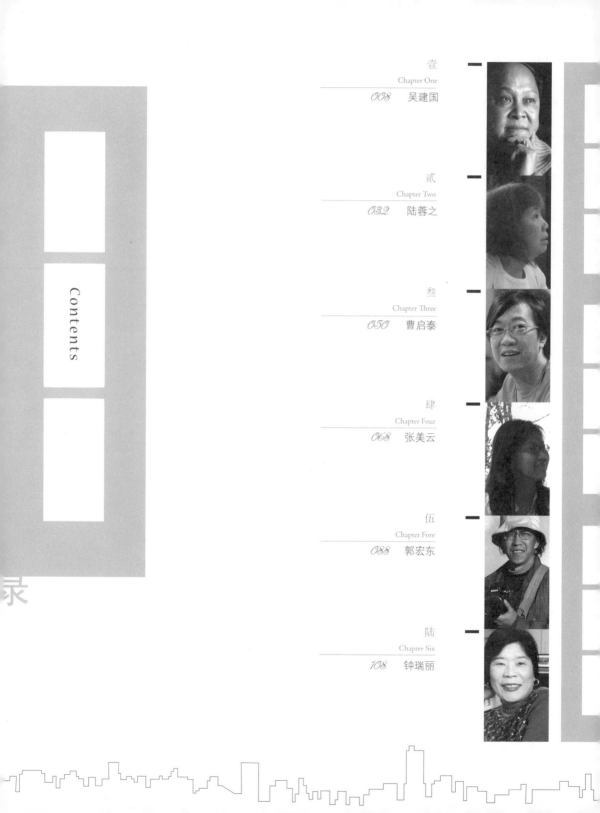

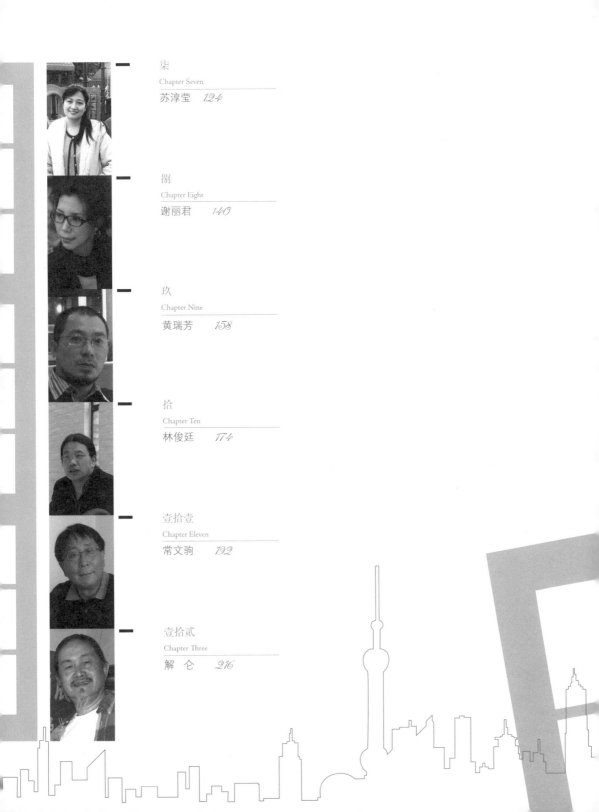

（杨雨文一绘）

壹　Chapter One

"因为热爱，所以在乎"

——台湾教育家吴建国博士移居上海六年之感言

2006年2月8日，台湾《联合报》上发表了一篇文章，讲述了苏州工业职业技术学院的校训——"我在乎你"的缘起。文中写道："'在乎'二字，简洁而动人。这是'以人为本'教育思想的具体表现，没有教条，没有训示；有的是无言的爱，有的是无尽的关怀……"文章作者是台湾教育界和高新科技领域的知名学者吴建国博士，现任苏州工业职业技术学院名誉院长，他也是在海峡两岸都担任过大专院校校长的第一人。

（杨焕敏-摄）

"有舍才有得"

　　吴建国，祖籍江苏苏州，1950年出生于台湾。1972年毕业于台湾大学数学系，1974年赴美国留学，研究高科技，1978年获美国柏克莱加州大学材料工程学博士，之后在美国加州硅谷半导体集成电路制造公司担任工程师。1980

年参与台湾高雄中山大学的筹建工作，历任该校电机工程学系系主任、材料科学研究所所长等职务。1984年被任命为高雄应用科技大学校长。

2001年，吴建国携妻子成树芬和小儿子吴承瀚举家移居上海。2003年，担任苏州工业职业技术学院名誉院长。

对于年过半百的吴建国来说，人生有两次重要的选择。第一次是选择离开美国硅谷回到台湾；第二次是选择离开政局动荡不安的台湾移居上海。前者是在他而立之年的时候，对他来说"一切都皆有可为"；后者是在他五十二

→
吴建国在苏州工业职业技术学院办公室的留影

←

1_吴建国抱着幼年的长子与我国著名语言学家赵元任教授，杨步伟夫妇（已故）合影

2_摄于1976年美国柏克莱加州大学试验室中的吴建国

3_吴建国夫妇

4_2004年7月10,长子吴承浩的婚礼，吴建国全家福

5_2005年，吴建国夫妇与长孙吴先道合影于上海黄浦江

6_1993年吴建国（左二）与父母及兄弟、妹妹们的合影，左三为吴建国的大哥吴经国

↑
1985年4月4日，台湾教育部的负责人李焕（中右）亲临高雄应用科技大学视察校务，与校长吴建国（中左）及同学们合影

岁的时候，这对于吴建国是一次艰难的抉择。六年后的今天，吴建国坐在黄浦江畔的家中回忆起当年，禁不住用手捋了捋两鬓花白的头发，一边笑着说，"脑门倒是越来越光亮了！"

吴建国对人生的第二次抉择是这样理解的——有舍才有得。他在决定来上海发展的时候，曾对自己的一位美国挚友说："人的双手一生到底能装多少东西呢？你必须要把手里的东西清理掉，有所舍弃，才有空间去容纳新的

东西，才能有所得。"事实证明，吴建国的这一抉择，使他在知命之年里迎来了始料未及的新收获。

吴建国是个骨子里很传统的中国人，当他打定主意来上海后，做的第一件事情就是在上海和老家苏州都买了一处房子。上海的房子就是现在居住的黄浦江边的高层，苏州的房子成为了他定期去苏州工业职业技术学院处理公务时的固定住所。这正迎合了中国人"安家置业"的习俗。他说，没有房子，你只能是两地

奔波，坐的是飞机，住的是酒店，始终没有家的感觉，人的心是不能安定下来的。

说起房子，身为文化人的吴博士也不禁笑着自夸起来，"现在证明我当年的决定是正确的，就拿房子来说，2000年上海房价还比较低，七年的时间过去了，整个大陆的房价都涨幅很大，我的两处房子都升值了，一不小心我就投资成功了！"

其实，对于吴建国来说，来到上海发展的成功不仅仅是在"无心"的房产投资上，更大的成功是他可以把多年在美国和台湾积累的丰

↑
2003年11月26日，苏州市副市长朱永新（中左）代表苏州
市政府聘请吴建国博士（中右）担任苏州工业职业技术学
院名誉院长

富的教育经验带到大陆来，在自己的老家苏州
从事高等教育工作，为家乡的教育事业贡献自
己的力量。吴建国用"受宠若惊"来形容这一
意外的收获。

"我在乎你!"

　　2003年9月，苏州工业职业技术学院刚刚成立，苏州市领导就慕名找到吴建国博士，请他担任名誉院长。

　　2003年11月26日，站在苏州工业职业技术学院的礼堂里，面对着台下莘莘学子，吴建国耳边不禁再度响起父亲在世时对他们兄弟姐妹的谆谆教诲："要做一个堂堂正正的中国人，要回到大陆，为国家为民族做出积极的贡献。"站在父亲当年出生和度过美好童年的土

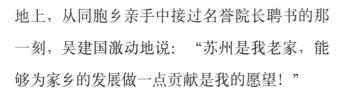

地上，从同胞乡亲手中接过名誉院长聘书的那一刻，吴建国激动地说："苏州是我老家，能够为家乡的发展做一点贡献是我的愿望！"

担任名誉院长后，吴建国开始定期地往返于上海和苏州之间。他说自己早就习惯了开车行驶在苏沪两地之间。周围一切对他来说既熟悉又亲切，深深唤起了心底里对这片土地的热爱之情。

在苏州的日子里，他将自己的教育热情全部倾注在学院里，并提出了别具一格又匠心独具的校训——"我在乎你"。这一与众多

（杨焕敏—摄）

名言警句迥异其趣的校训一经提出便受到了在校学生们的热烈欢迎。在征求方案的时候，校方特意请了外校的学生来评价对"我在乎你"校训的意见，没想到的是，学生们纷纷表示，如果有这样校训的学校，他们都愿意到这个学校念书。于是，在学生们的一致掌声中，"我在乎你"终成为了苏州工业职业技术学院的正式校训。

为了宣传吴建国博士所提倡的"以人为本"、在乎身边的每一个人、每一件事的理念，学生们还自发地在苏州著名的历史文化老街——观前街上拉出了宣传的横幅"我在乎你"，呼吁广大市民都能用"我在乎你"的人文关怀精神去关照大家生活的城市——苏州。《苏州日报》、《新民晚报》等媒体都以热情的文字对于如此朴实而新颖的教育理念所带来的积极影响给予了高度评价。

说起这个很有创意的校训,吴建国博士很是有些得意。他说,之所以会用看似"前卫"的词来做校训,是由于内心感触所引发的灵感。"因为我真的在乎现在生活的城市,无论是上海,还是苏州,甚至是中国这片博大而宽广的土地。因为热爱,所以在乎,所以有感而发。只有学会在乎自己的小家,在乎自己身边的人,才能在乎集体,在乎国家啊。"

期待两岸的"文化统一"

近年来，台湾文化界人士纷纷来沪发展。2001年移居上海后，吴建国经常会在各种场合和聚会中偶遇来自台湾文化界的老朋友或同行。

"我和太太在街上散步时，会经常迎面遇到熟悉的台湾老朋友。然后，彼此会问候说，原来你也在这里！那种感觉实在是太好了！"

（杨焕敏—摄）

"现在来上海定居、创业的台湾文化人越来越多了。"吴建国说，"现阶段，台湾文化人要做的是在心理上对大陆有归属感，要加强彼此的联系。从长远来看，海峡两岸的文化，可以从文化交流到文化整合再发展到文化统一。"

2005年9月，在一次沪上台湾文人聚会中，吴建国突然萌生出一个想法：何不结合两岸文化人的力量，为两岸文化交流合作发挥更大的作用。于是，吴建国在席间发起了成立"台湾文化人在上海联谊会"的倡议，没想到这个倡议得到了与会台湾文化界同仁的一致赞同。

2006年11月9日，"沪台文化人联谊会"在上海正式宣布成立，并在成立之际举办了纪念鲁迅逝世七十周年的"画牛"展活动，以表达台湾文化界同仁对这位中国近代文化思想大师的崇敬之意。吴建国说，沪台文化人联谊会就是殷切期望两岸文化人，从两岸文化交流做起，逐步迈向两岸的"文化统一"。

（杨焕敏－摄）

在吴建国看来，沪台文化人联谊会在沪台之间应该扮演一个"文化使者"的角色，吸引更多的台湾本土艺术家们，到上海举办展览、演出，到上海考察艺术市场，为将来沪台之间文化交流做出更多更积极的贡献。

2007年2月4日，联谊会举办了"两岸文化雅集"，邀请了沪、台两地的五十多位文化界知名人士举行了共庆新春的活动。面对热闹而感人的活动场景，吴建国感慨地说，"第一次有那么多两地的文化界朋友共度中国人传统的

春节，大家语言相通、感情相融、血脉相连，此情此景，令人很温暖、很快乐……"

在吴建国的努力下，联谊会受到上海市文化主管当局的重视。每逢重要节庆，均会主动为常住上海的台湾文化人举办一些有意义的活动，使得他们都感受到来自祖国的关心，益发觉得当初选择来上海发展，是正确的决定。

2008年，对于台湾政坛来说乃至海峡两岸关系来说，都是至关重要的一年。对于吴建国来说，他的2008也有很重要的事情要去完成。

　　2008年3月，台湾政局发生了积极的变化。国民党的重新执政，为两岸关系带来了突破与机遇。在短短的数月之间，台湾马英九当局取消了过去阻挡两岸交流的诸多人为障碍，实现了三通直航，开启了两岸全方位合作的新局面。

　　尤其，台湾新领导人马英九在竞选的时候，就提出应该承认大陆学历与开放大陆学生到台湾升学的政见。如今这个政见已成为台湾教育主管部门必须兑现的新政策，而吴建国过去几年在大陆教育界从事教育工作的宝贵经验，正好可以提供台湾教育部门所最需要的一手资讯。

因此，从2008年7月起，吴建国开始忙碌的每月穿梭于上海与台北之间，为台湾教育部门的新政策谋划献计，加速了整个作业的进程。不到半年的时间，台湾承认大陆学历与开放大陆学生来台升学办法均已顺利制定完成。目前就等台湾立法部门在相关的法律条文中，增订

（梁希毅–摄）

允许大陆学生赴台攻读学位的条文后，台湾教育主管部门即可公布有关办法，两岸的教育交流从此将进入一个全面、双向的新时代！

　　吴建国对有机会参与这个攸关两岸众多青年学子权益重要政策的制定工作，并做出相当的贡献，颇感欣慰。在吴建国的理念中，教育最重要的就是能在不同的阶段，提供青年充分发展自我的机会。两岸教育的开放，就是为两岸青年提供更多发展的机会，绝对是有意义的一件事。吴建国一直期盼第一批赴台升学的大陆学生抵达台湾那一天的早日到来，看到两岸的青年学子能和谐的齐聚一堂，一同学习，一同欢乐，将是多美好的画面，也必将创造两岸一页新的历史。

　　说到这里，吴建国非常感谢当初邀请他担任苏州工业职业技术学院名誉院长的苏州市领导，才使他有在大陆参与教育工作的机会。同时，对于苏州工业职业技术学院的师生们能够毫无保留的接纳他，使他能在工作岗位上发挥所长，做出贡献，吴建国也是满怀感激。由他这个成功的例子，足证两岸未来教育上的完全交流合作，应是可以预期的。

正因为吴建国在两岸教育文化工作上的丰富经历，受到台湾当局的重视，希望他能为即将展开的两岸教育文化全面交流合作多尽些力，决定聘请他返台出任太平洋文化基金会的副执行长兼两岸教育文化顾问小组召集人。于是，在离开七年后，吴建国重返台湾教育界。只是这次他肩头的责任更加沉重，担负着两岸众多教育文化界人士许多共同的期待与愿望。相信以他过去在两岸教育文化领域卓越的服务绩效与富有创意的领导，我们有信心吴建国能为两岸教育文化发展，开创一个更美好的明天！

（杨雨文）

（杨焕敏—摄）

对于陆蓉之，来说，中国的当代艺术正以巨大的魅力吸引她投下到半生最终，送择留住上海，是因为她不能割舍下当下时代赋予陆蓉之女士这幅先锋一为陆蓉之女士造像二〇〇七年七月画于淞浦上 吶文静記

（杨雨文-绘）

陆蓉之：

做中国当代艺术的"义工"

上海人民公园内，一座由深色的砖石与晶亮的玻璃镶拼而成的黑色建筑，兀自独立于茵茵绿草与花树间，在灿烂的城市日光下散发着独特、醒目而时尚的艺术气息，这就是上海当代艺术馆（MOCA）。漫步于馆内，你或许会遇到一位有着一头明艳红发，穿着蕾丝洋装，说话神采飞扬的女士。如果有机会和她进行交谈的话，你很快就会被她对艺术的痴迷和激情所感染，同时也为她鲜明的个性所折服，这位女士就是上海当代艺术馆的创意总监陆蓉之。

我爱中国的当代艺术

　　陆蓉之出生在台湾，在台湾接受了早期的艺术教育，1970年初期移居美国。曾就读于比利时布鲁塞尔皇家艺术学院，在美国加州州立大学获得艺术学士和硕士学位，主攻绘画。二十世纪七十年代中期，她开始为台湾的艺术杂志、报纸撰写艺术评述文章，并担任策展人的工作。她曾为台湾公共艺术立法和当代艺术的教育推广工作做了许多积极努力，是中国当代艺术圈内难得一见的女性艺评家及策展人。

2002年，陆蓉之带着对中国当代艺术的崇敬和向往来到了中国大陆。几年间，她先后去了重庆、四川、陕西、云南等地。行走在大陆，她被当代中国和中国的当代艺术深深地感染了，她发现中国当代艺术的沃土在大陆，中国当代艺术发展的机会点也潜藏在这片交融着传统与现代、宁静与悸动、沉思与激情的土地上。"来到这里，我太惊讶了！中国的当代艺术正处在一个非凡的年代，有一批了不起的艺术家，这在世界上任何一个地方都无法遇

到。"她用极其兴奋地语气说:"重庆的一家美术学院,明年的招生名额是7000人。中国的艺术发展是无可限量的!如此强大的后备人才力量,是中国当代艺术必将振兴和走向世界的有力保证。"

面对着眼前这片艺术新世界,陆蓉之心潮澎湃起来,她要在这里找寻寄托她艺术理想的最好载体。

经过考虑,她选择了上海作为在大陆的驻足之地。陆蓉之坦言,家世渊源使她对上海有着特殊的亲切感。陆蓉之的妈妈是来自上

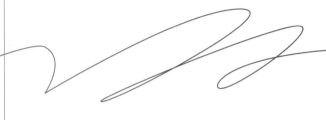

海知名的郁氏大家族，在家族内排行十一，新党现任党主席郁慕明则是排行第十七的老幺。

"回到上海，听着四周地道的沪上方言，让我想起了外公生前最爱念的上海话版本的《三字经》……"

话虽如此，不过，让陆蓉之决定停留在这座城市的原因是因为上海有着广博的中西文化并容的胸怀，有着足够宽广的舞台，让她的才华可以尽情施展。

三位朋友，三份"义工"

　　陆蓉之来上海认识了三个好朋友，艺术上的惺惺相惜和她那颗痴迷于当代艺术的心让陆蓉之心甘情愿地为中国当代艺术担当"义工"。

　　原上海美术馆教育部主任马楚华女士是陆蓉之在上海最早遇到的知音，她令陆蓉之一生难忘。

　　1999年，上海美术馆设立了教育部，向国内的参观者介绍外国艺术作品。当时，任上海美术馆教育部主任的马楚华慧眼识英雄，力邀有着西方艺术背景的陆蓉之加盟。经过多次交流与沟通，在世界艺术界闯荡多年的陆蓉之终于被马楚华真诚邀请所深深打动。她远渡重洋，飞赴上海，由此开始了自己服务于中国当代艺术而不求经济回报的"义工"生涯。

　　陆蓉之总觉得自己是个幸运的人，因为在上海她总是遇到对艺术有共同追求的人，张瑷玲小姐就是其中一位。提起上海"外滩18号"，这是台商张忠伦先生及其女儿张瑷玲斥资1500万美金投资开发的上海时尚新地标。陆蓉之喜爱"外滩18号"，不仅由于她有一颗永远年轻的心，更重要的是她在这里遇到了艺术上的伯乐。同样来自台湾世家的背景和对中国艺术的执著追求，张氏企业正式聘请陆蓉之担任上海"外滩18号"创意中心艺术总监。

在担任上海"外滩18号"创意中心艺术总监的同时，陆蓉之还有一个头衔——上海当代艺术馆创意总监。陆蓉之说："我和上海的当代艺术真的很有缘分，我总是能在一项非凡的艺术构想萌芽时与主宰者相逢并相知。"2005年，陆蓉之结识了正在建造中的上海当代艺术馆的馆长龚明光。当她得知上海当代艺术馆将是上海首座非盈利性的民营艺术博物馆，并是由龚明光先生的个人基金会出资建造，深谙其道的陆蓉之不禁直言相告：做当代艺术，不是那么简单的事情。如果要做一个纯粹的当代艺术馆，或许需要借助政府的力量或某个财团

（杨焕敏—摄）

的资力，否则就会赔很多钱。不过，当龚明光
提出邀请她担任新馆创意总监的时候，她却欣
然接受了。与其说是龚馆长的艺术精神打动了
她，不如说是她找到了做真正属于中国的当代
艺术的乐土。从此，她又多了一份"义工"的
工作。

2006年1月7日，在上海当代艺术馆和上海
"外滩18号"同时揭幕的"虚拟的爱——当代

新异术国际巡展"开幕了！ "动漫艺术新美学"是此次展览的核心主题，来自15个国家和地区的80多位杰出艺术家参展。《虚拟的爱》布展中挑战传统美术馆的"白盒子"哲学，将所有艺术品挂在墙上，被专注灯光的照射，观众必须安静地、虔诚地、保持距离地欣赏画。作为策展人，陆蓉之说："动画和漫画美学是我目前研究和策展的方向，它会很活泼，适合大众。更重要的是，它会带着鲜明的亚洲美学立场，中国在上世纪30年代初曾有过非常棒的漫画形式，我希望大家能回头到自己的文化中去，寻找自己的美学根基。" 她自豪地说，这次展览本身从创意到展示在全球范围内都是最先进的。

除了"虚拟的爱"外，"皮尔和吉尔回顾展"、"今日瑞士设计"等展览都出自陆蓉之的手笔。对于陆蓉之来说，中国的当代艺术正以巨大的魅力吸引她投入其中，最终选择留在大陆，留在上海，是因为她不能错过这个时代赋予艺术的光辉，她必须要把这种光辉让全世界都看得见。

（梁希毅–摄）

永远做
中国当代艺术的"义工"

　　陆蓉之有着夏花般鲜明而热烈的性格，很难想象她已是做了祖母的人！她不仅不避年龄，而且颇以自己半生的精彩为骄傲。她常语出惊人，却给人留下了回味深长的思考。

她永远是那么精力充沛甚至活力四射，她说：
"我染红色的头发，我穿十公分的高跟鞋，No
Problem！因为我是艺术家，艺术是不会使人疲
倦的。"

　　陆蓉之在上海当代艺术馆的办公桌旁贴着
一张表格，上面写满了2007年世界各地各种当
代艺术展的开展时间和地点。今天在意大利，
明天在瑞士，后天是法国，对她来说早已习以

为常，"我从没觉得自己为艺术累过，我需要通过不断地去观察、去领会、去探索，才能找出一个我认为最有效的策略，那就是怎么把中国的当代艺术推向世界。"

陆蓉之把自己每一天的工作状态描绘成"拼命三郎"。她每天的工作实在是丰富多彩：迎来送往来自世界各地的艺术家们，用不同的语言交谈，带他们参观艺术馆里的每一幅作品，邀请他们来中国来上海举办自己的画展或来上海开讲座或干脆做"义工"；接无数的电话，每次都能令她身旁的人觉得电话那头一定也是为了艺术

而来；还有，就是接收无数的e-mail，然后保存、回复或转发；最后，深夜回到在上海外滩的家，她继续写艺术评论的文章直到凌晨。她总说："别看我57岁了，每天我的休息时间只有4—5个小时，但我OK！感觉很好！"

如今，陆蓉之在上海当代艺术馆和上海"外滩18号"的"义工"工作已经告一段落，接下来，她的愿望就是去中国的西部，去建一所学校，完成一个心愿。"中国的西部要'大开发'，这种开发不仅仅是指经济的开发更加

要做到精神的开发，而教育就尤为重要。我们帮助西部人民不能仅仅是物质上的暂时满足，给予知识给予教育的滋润才是对他们最好的帮助！”

说起自己的美丽的蓝图，陆蓉之不禁再次手舞足蹈起来，她说："不管是中国的大西北还是在中国的其他地方，我要做一个真正的义务学校，培养初中起点的艺术人才。我要在教育阶段把中国传统工艺与现代的设计理念结合起来，为中国当代艺术培养一批在工艺美术设计方面的杰出人才。我还要请来自世界各地的能工巧匠、艺术名家为学校的孩子们义务讲课，和我一样做

（杨焕敏·摄）

（杨焕敏·摄）

'义工'。我坚信，这样一定能够培养出一批真正的中国当代艺术的优秀人才。"

目前，陆蓉之正在参与一个上海文化发展基金会的"数字艺术节"活动，尝试把现代科技与当代艺术跨领域结合在一起。她认为，这是一个全新的领域，而且是一个最适合上海——这座国际化大都市发展的项目。她笑着说："这一次我将继续做'义工'，而且要永远做中国当代艺术的'义工'。"

（杨雨文　陈　婷）

曹名泰说：别人看我
是个喜欢"哈"的人，但我
从没有拿主持这种
事情而过玩笑，为了
对得起观众和手中的
活儿我一直是用心
去主持。为曹名泰
先生造像 二〇〇七年

八月六暑写於上海

融冰识

（杨雨文—绘）

叁 Chapter Three

曹启泰：

追寻施展才华的更大的舞台

　　曹启泰是目前到大陆发展的台湾主持人中事业做得最成功的一位，这个有着丰富生活阅历、独特情感、洒脱主持风格的中年主持人，仅短短几年时间，在大陆拥有大量不同年龄层次的"粉丝"。2006年，他被大陆新锐时事生活杂志《新周刊》评为"最佳创富节目主持人"，他也是第一位在大陆荣获主持类奖项的台湾主持人。在舞台上，幽默、机智、笑起来露出满口白牙的他最爱说的一句话："大家好，我是曹启泰！"

寻求适合自己发展的舞台

　　已过不惑之年的曹启泰出生在台湾，20岁开始进入电视圈，10年内成为台湾二大电视台最炙手可热的名牌主持。30岁他下海经商，结果是负债累累又重返主持界。之后，他又转战新加坡多年。

　　2004年，是机缘巧合把曹启泰合力推到了上海的大舞台。那一年，曹启泰在新加坡的工作暂告一个段落，在那段相对悠闲的日子里，他受邀参加新加坡一个慈善性质的商业活动来到了上海。曹启泰这次来到上海，遇到一件很巧合的事。原来他收藏有一幅上海画家程十发的画，画面上有一个少女二只羊。中国人有句吉语叫"三阳开泰"，也因为他名字里有个"泰"字，他妈妈说，三羊才能开泰，你应该再买一只羊放在这幅画的下面，曹启泰故而听之。而就在那次上海之行，曹启泰一次在逛淮海路时，突然看见一只大花瓶，上面刻有四个大字"九羊启泰"。"我当时都楞住了，搞了半天我还差六只羊，也许在我生命的历程中还有很大的发展空间。"曹启泰说："就在那一刻，我突然觉得，应该来这里生活试试。"

于是，2004年，曹启泰落户到上海。

　　来到上海，买房子，有了家。曹启泰说："我甚至还没来得及玩一玩，工作就找上门了！"在上海，他从开始在《超级模特》、《新评头论足》节目里客串嘉宾主持，慢慢发展到成为《波士堂》、《上班这点事》节目的金牌主持，他彬彬儒雅的主持风格逐渐被大陆观众所接受。

　　每个人都需要有属于自己的舞台。曹启泰来上海，当然是来寻求新的舞台，他希望能

1_陈婷与曹合影
2_陈婷访曹启泰

到更大的舞台上尽情地展示自己。曹启泰说：

"来大陆定居后，觉得自己的空间变得非常大，自由呼吸的空间、结识朋友的空间，比过去宽广了数百倍、数千倍。生活空间变大了，心也变宽了。心宽了之后，哪怕节目只给我十分钟，我也能开拓出一片新天地。"

我是用心在主持

　　相对港台地区其他主持人到大陆"淘金"屡屡受挫，而曹启泰可谓是如鱼得水。在谈及个中缘由时，曹启泰说，"这并非是他们能力、水平的问题，而是他们没有真正生活在大陆。你想，他们住在台北，心在台北，来大陆只是暂时的客串，既对大陆的生活不了解，也没有融入当地的语言环境，怎么可能被大陆观众所接受呢？而我就不一样了，我首先是来这里生活的，然后才是主持。"

（梁希毅-摄）

曹启泰认为，主持人毕竟不是歌手，歌手
所有的表演就是歌声，除了歌声以外可以一句
话不说，出场的时候喊一声"大家好"，结束
时说声"谢谢"。但主持人不一样，主持人一
天要说几十万字。你到底是客人还是家人？是
主人还是朋友？观众一听就知道。你在不在这
里生活？你对这里感受是什么？观众一听就明
白。你不理解这里的风土人情，不懂这里的语

汇用语，怎么主持？在舞台上，哪怕只是说个
笑话，也要分是说给南方人听的，还是说给北
方人听的，是说给年轻人听的，还是说给老年
人听的，是说给领导听的，还是说给小朋友听
的，如果你连这些都搞不清楚，凭什么认为你
可以在这里主持节目？

　　至于他自己为何能这么快地融入大陆主持
界，曹启泰说，这得益于他的个性。他从小就

天南海北到处乱跑，好交朋友，好尝试新鲜事物。他觉得做节目也一样，哪里叫他他都去。从下飞机或下车的那一刻起，他就观察出租车司机怎么说话，服务员怎么说话，电视台工作人员怎么说话，嘉宾怎么说话，他马上就会进入他们的说话状态。"譬如我在上海说话的语序与在北京不一样，与在新加坡也不一样。我搭的飞机一到北京落地，我的口音就不一样了，这是我自然调节的结果。"

对于记者问到他是如何在不同的节目里出现不同的曹启泰时，曹启泰解释说："其实，我们每一个人和不同的对象说话都会呈现不同的样子，对父母说话是一个样子，对朋友说话是一个样子，对爱人说话是一个样子，对孩子说话又是另一个样子。如果我们面对不同对象说同样的话，那就乱套了。我的变化在于我观察生活比较细腻，还生活本来面目而已。"

表面上悠闲自得的曹启泰，背后实则是个细致谨慎的有心人。曹启泰说，"别人看我是个嘻嘻哈哈的人，但我从没有拿主持这件事情开过玩笑，为了对得起观众和手中的话筒，我一直是用心在主持。"

（梁希毅－摄）

做一辈子主持人

曹启泰非常热爱主持事业，他博客上名称就叫"主持人"，博客上的格言是"一辈子的主持人"。他说："我的母语是中文，只要说中文的地方，有主持的工作，我觉得都应该去尝试、去体验。现在是我人生的黄金时段，我希望自己能走得更远些！"

他目前在大陆的主持事业可谓如日中天，非常红火。他说，他甚至不知道现在在大陆究竟有多少档他的节目在播。他每天至少要录3档

节目，一天平均工作8个小时。为了录不同的节目，他时而在北京，时而在上海，进而又在杭州，工作连轴转，他是一个不折不扣的"超人"主持。

他现在主持各类型的节目驾轻就熟，语言丰富搞笑，沟通能力超强，应变功夫了得，关键处拿捏恰到好处，还经常有出人意料的惊奇，尽显一位成熟男人的老到练达，深受大陆广大观众的喜爱。

当然，从大陆许多主持人身上他还是看到了自己的成长空间。曹启泰说："在大陆，主持人大多都很'新',所谓'新',是他们都很年轻,他们在这个领域工作时间不长,心态很新鲜,风格很新鲜,我从他们每个人身上都能感受到不同的味道,学到不少东西,这些对于我来说,都是前进的新动力。"

主持之余,曹启泰除了泡吧减压外,也时常给自己安排一些挺浪漫的自助活动。今年7月的一天,他突然决定带着全家从北京开车去杭州。"要知道这是我有生以来第一次开车一次超过1370公里。在台湾,从北到南,高速公路全长不足400公里,再开就要下海了。而从北京到杭州，全长1400公里。一路上，美极了，阳光普照，整个京沪线非常漂亮。我还从来没有机会带着我的孩子看到这么美的大好河山。一天之内，我们中午跨过黄河，又在夕阳的余晖中渡过长江，简直太奇特了！"这种愉快的心情一直延续到第二天做节目，曹启泰说，"真的太开心了！"

　　曹启泰目前在北京电视台主持一档节目叫《我爱2008》，谈到为期不远的北京奥运会，曹启泰很兴奋："人的一辈子不可能有第二次机会碰到你所居住的城市是奥运会的主办城

市。我肯定会全力参与2008年北京奥运会，不
管以什么形式，当观众也行，带着孩子进场去
看比赛也行，或者当个志愿者也行，再不然就
站在路边，碰到外国友人帮忙指个路，然后微
笑地向他们介绍北京、介绍奥运，做一个中国
人该做的事情！"

（杨雨文）

（梁希毅—摄）

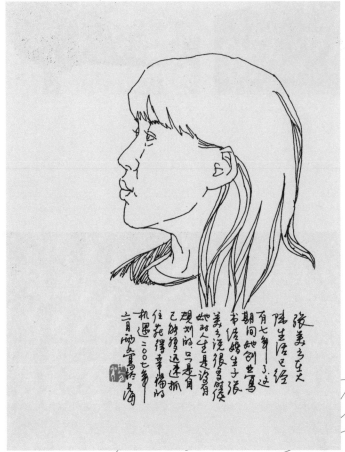

張姜力生大陸生活已经
有七年了。这
期间她创业写
书、恋爱、结婚、生子，张
姜力说很会对付
她对人生是没有
规划的，只是自
己的梦还没抓
住就得辛福的
机遇。二○○七年
二月初文昌于上海

肆　Chapter Four

（杨雨文-绘）

张美云：

台湾女记者在上海的幸福生活

　　像往常一样，当太阳透过厚厚的帷幔钻进人们沉睡的梦乡时，新的一天开始了。在上海市普陀区一个三口之家，早餐已经准备好了，两个馒头外加一小碟辣椒酱和一小碟黄油。男主人拿起馒头蘸上一些辣椒酱大口大口地吃着，女主人则用馒头涂着黄油细嚼慢咽，旁边是他们九个月大的儿子阎嘉伦，他在咿咿呀呀地舞着小手。

男主人名叫阎俊杰，今年34岁，从小生长在冰天雪地的黑龙江，大学毕业后到上海从事广告设计。女主人名叫张美云，今年37岁，来自气候温润的宝岛台湾，曾是台湾东森电视台的一名记者。这样两个生活背景和阅历完全不同的人组成了一个非常特殊的家庭。这段奇特的姻缘还要从张美云来到上海说起。

走进上海　了解大陆

　　张美云从小在台湾出生长大，大学毕业后进入了台中地方有线电视担任新闻召集人。之后又转战香港传讯电视、中天频道、环球电视台，最后入主台湾东森电视台，担任财经中心副主任。

　　正当张美云的事业一帆风顺之时，她突然决定放弃台湾的一切，来大陆发展。当问到为

↑
杭州采访蒋孝严

什么做了这样的选择时？张美云的思绪飘回到了儿时，"我的父亲祖籍是福州，十七八岁来到台湾。虽然在台湾求学、创业、结婚、生子。但是父亲心中总有对大陆故乡的牵挂。"父亲的这种思乡情结深深影响了在台湾出生长大的张美云。

两岸开放探亲以后，父亲回到了朝思暮想的福州老家去探亲。当时正在上大学的张美云也随同父亲来到了她从小就"听说"的地方。"虽然回来的时候爷爷奶奶已经不在了，但是当来到父亲出生长大的这片土地时，我觉得很亲切。"正是这种情缘的影响，当东森电视台决定派人驻点上海时，张美云主动请愿去大陆。

2000年，带着对未来无限期待和憧憬的张美云来到了上海，负责制作一档名叫《走近两岸》的电视栏目。她在大陆走南闯北，通过镜头将大陆的社会百态，风土民情，人文历史，经济动态生动地展现在台湾观众面前，让他们足不出户便可以游遍神州，了解真正的大陆。

作为两岸信息流通的传递者，张美云有着自己的职业理想，她觉得台湾这几年因为政治的原因，两岸交流一直停滞不前，过去两岸媒体之间没有交流，台湾媒体对大陆的报道都是一些负面信息，致使台湾民众对大陆有一种误判。张美云认为应该改变这种错误的观念，"台湾媒体应该更客观地去报道，让两岸民众对彼此有一个更正面、更真实的了解，只有这样，才能消除两岸的隔阂，台湾才能进步。"正是因为有这样的使命感，张美云才一次又一次通过自己的视角将一个更加真实的大陆呈现在台湾民众面前。在派驻大陆三年多的时间里，张美云还策划了多场两岸大型活动的直播和合作。由于张美云的努力，《走近两岸》成为当时台湾收视率非常高的一档节目。同时，《走近两岸》也成为张美云事业辉煌的另一个标志点。

可就在这个时候张美云又做出了一个决定，她要辞职！这是张美云为人生做出的又一个重大的决定。谈及当初的这个选择，张美云

说当时思考最多的就是要不要继续留在台湾的
新闻媒体环境中？要不要跳出来，去迎接新的
机遇？虽然当时没有任何机遇出现，但最终她
还是选择了离开。只有两手空空上路，才能把
握住沿途的风景。

←
1_2006年2月，回东北结婚
2_2005年底，2006年初，回东北结婚，与先生的家人
一起吃饭
3_2005年底，回先生老家，与先生的外婆合影

台湾女儿　上海新娘

　　在那段没有任何工作压力的日子里，张
美云有了更多的时间来规划自己的人生。虽然
来到上海已经有三年多的时间了，但是每天疲

于工作，让她很少有时间来细细地打量这座城市。她发现，上海每一天的变化都很大，惊喜不断，张美云觉得自己开始真正的向这座城市靠近了。在边走边看，边思边想中，她相继出了两本专门为台胞服务的书——《在上海赚钱的18个成功故事》和《北京·上海自由行》。而她的人生航船在经历了事业的激流浪尖后，也在向另外一个港湾靠近。

早在张美云为事业打拼的时候，她和爱情也不期而遇了。2001年，张美云在一次记者

会上结识了东北小伙阎俊杰。三个月以后，阎俊杰给张美云打电话约她出去吃饭，刚好那段时间张美云空闲，便答应了下来。回忆起初次约会，张美云笑着说："那时只是出于好奇，想了解和自己的成长环境不同的大陆年轻人有什么样的想法，于是我们俩人才有了这次约会。"

起初，他们并没有想太多，因为他们觉得跨越两岸的恋爱会受到比较大的阻力，不可能迈出这一步。就这样，两个人以好朋友的身份继续保持着联络。虽然由于不同的成长经历，两个人在做事态度、生活习惯等方面有很多差异，但是阎俊杰的单纯和上进很让张美云心动。张美云经过了慎重的考虑，决定勇敢迎接这份跨越两岸的爱情。2003年，张美云这位来自台湾的美丽女子与高大挺拔的东北小伙阎俊杰组成了幸福的小家庭。

　　婚后的生活是温馨和甜蜜的。张美云过起了上海女人的居家生活。习惯在职场打拼的张美云开始系上围裙，和精细的上海女人学习怎么过日子，向她们请教如何烹饪时令菜，到哪里能买到价廉物美的日用品等等。随着儿子的出生，张美云和上海妈妈们往来的更加频繁了，她们经常会在一起讨论宝宝的养育问题。直到这时，张美云才真正地感觉到自己已经是个地地道道的上海女人了。

求同存异　牵手幸福

　　伴随着居家过日子的琐事的出现，像其他
小夫妻一样，张美云和阎俊杰的矛盾也不可避
免地出现了。由于生活习惯的差异和思维方式
上的分歧，俩人经常发生争吵。但是吵过闹过
后，小两口的感情反倒是更好了。这是什么原
因呢？

　　"争吵是每对夫妻都会发生的事，尤其像
我们这种生活背景差异那么大的夫妻更不可能
事事和谐。但是我们的个性最终让大家能够彼

此包容理解。"张美云说，"阎俊杰是东北人，个性直爽，而我自己的个性也比较男孩子化，不喜欢把事情放在心里，因此两个人每次吵架都不会过夜，有什么矛盾当天就说出来。所以吵完后也很快就好了。"另外对于生活习惯上的差异，他们渐渐地开始弹性处理，比如阎俊杰喜欢吃东北菜，而张美云则自己选择去吃台湾菜或上海菜，两个人可以保留自己的生活方式。

渐渐地，他们发现生活背景的不同是发生矛盾的根本原因之一。为了更好地经营这段感情，两个人开始主动地深入到彼此的生活中去。空闲的时候，阎俊杰会和张美云回到台湾访亲探友，他想要更多的了解太太的生活环境。阎俊杰会陪着岳父一起看台湾的政论性节目，了解台湾政治的状态，也会独自到街上去逛一逛，感受台湾的人情百态。而张美云也会和先生一起回到东北老家去，在她不断的感叹着"为什么有人会生活在冰箱里"的同时，也更深入地了解到这样一个冰天雪地的环境是怎样孕育出一个粗犷的东北汉子，他需要粗枝大叶的顶天立地，而不是像自己那样温婉细腻。

（梁希毅—摄）

行走在两岸间，他们感同身受于两岸文化的交融与差异，分分合合中，两颗心贴得更近了。

如今，张美云和阎俊杰的婚姻在彼此尊重与包容中已经走过了四个年头。虽然婚后两人经历了磕磕绊绊，但是"执子之手，与子偕老"的决心却从未改变，他们在幸福、快乐、忠诚和理解中坚守着这份爱的承诺。

现在，张美云第二个孩子又要出生了，她轻抚着自己隆起的肚子，幸福地说她很享受这种状态。对于张美云来说，在大陆生活已经有七年的时间了，这七年，她创业、写书、结婚、生子。张美云坦言，很多时候她对人生是没有规划的，只是自己能够迅速抓住获取幸福的机遇。与此同时，她也深深领悟了幸福生活的真谛，那就是"认识、理解、尊重、宽容、携手发展"。

（王倩 杨雨文）

1　青海游（2人戴帽子）
2　2006年，在上海医院，大儿子刚出生
3　带大儿子到上海金宝贝早教中心上课
4　夫妇合影
5　四口之家

郭宏东认为摄影的最
大功能就是真实地
还原现场和记录现场.
摄影不是创作摄影
就是真实记录现
场和环境·把我看到
的东西真实记录并写下
来给别人看.
为郭宏东先生
造像二〇〇七年
五月晓文写於青岛

（杨雨文 绘）

郭宏东:

用镜头记录新的 "发现"

　　背着相机，从台湾来到大陆，在空间不断的转换中，用镜头忠实地记录着生活的瞬间，在时间绵延的流动里，用光影真实地定格着人生的片段。郭宏东，台湾《新观念》杂志的职业摄影师，越过海峡，行走在大陆的 "发现" 之旅，步履矫健，渐行渐远……

　　初夏一天的午后，一抹阳光灿烂地照在上海浦东 "百草传奇" 主题餐厅外的草地上。室外杂花生树，草木扶疏，屋内一间小餐厅装饰

素雅、温馨。对面坐着台湾《新观念》杂志年轻的摄影师郭宏东。三十多岁的年纪，清瘦而俊朗，微笑中透着淡淡的书卷气。手边放着新改版的《新观念》杂志，其中有他新写的文章和拍摄的图片。桌上一杯清茶，散发着袅袅余香，一如主人此时恬静而安适的心情。

常说文如其人，郭宏东写得一手漂亮文章，可本人却并不擅华美言辞，相反言谈朴素而平实，一如他展示万物本真的摄影作品。于是，话题就从他的作品谈起。

（梁希毅–摄）

摄影就是真实再现

记者：“从什么时候开始迷上摄影的？”

郭宏东：“不到十八岁，那还是上高中的时候。我的第一台尼康相机是母亲送给我的。”他笑着说，自己的履历非常简单。因为喜欢照相，高中毕业之后就去美国纽约一所设计学院学习摄影。四年后学业结束，回到台

在展览中心↑

湾，做了《新观念》杂志的摄影记者，一直到现在。

　　《新观念》杂志是台湾华威集团董事郭承丰于1988年创办的一份人文杂志，以人文、艺术和环保为三大主题。郭承丰早年毕业于台湾艺大，从业于广告界。上世纪九十年代与妻子王小虎携手来到上海，共同创办"上海本色"服饰和工艺品品牌专卖店和"百草传奇"主题餐厅，成立了个人工作室及"爱与和平"文艺沙龙，以艺术文化作为两岸沟通的桥梁。

郭宏东是郭承丰先生三个儿子中的一个。也许是家庭的熏陶，郭宏东少年时就对摄影——这种光与影的艺术有着浓厚的兴趣，而作为《新观念》的专职摄影师，郭宏东也算是子承父业。

作为摄影记者，郭宏东有着自己的摄影理念。他反对人为美化摄影对象，坚持认为摄影的最大功能就是真实地还原现场和记录事物。"摄影不是创作，摄影就是真实记录现场和环境，把我看到的东西真实记录下来给别人看。"

他在美国读大学的时候，有一次上摄影课，作业是拍摄布鲁克林大桥（The Brooklyn Bridge）。在课堂讨论时，大家对郭宏东的作品起了争论。有人说他只是把这座大桥拍下来，拍得实在是太普通了，完全没有创作，而郭宏东却

认为布鲁克林大桥本来的样子就是这样，没有必要人为去修饰，把它拍得好看。他坚持用镜头真实地反映生活，在他的作品里体现的是人们眼前的真实物象，没有技巧的修饰，只有原真的淳朴。

也许正是这种追求本真的理念，使得郭宏东对于与众不同、具有艺术感和视觉冲击力的东西非常感兴趣，他常常为去一个新地方，寻找新发现、补捉新景物而快乐。21世纪初，《新观念》杂志随着郭承丰一起走进大陆，来到上海。郭宏东也追随着父亲的足迹，背着相机来了到这片对他而言的"新大陆"，开始了他的发现之旅。

1_2007年11月，夫妇在上海，日本料理店用餐
2_2006年4月，跟儿子在上海观看赛车比赛

横穿中国大陆

　　作为杂志的摄影记者，郭宏东会常去一些一般旅行者足迹罕至的地方，看到很多风格迥异的人情与风物。郭宏东说，只有体验到不同的事物，领略到生命的丰富多彩，生活才有意义。

　　记者："在你的职业生涯中，给你印象最

深刻的摄影经历是哪次？"

郭宏东："那是2003年8月，'非典'刚过，我父亲发起了'爱与和平——极限阳光拉萨行'爱心活动，我作为随行摄影记者参加了这次活动。这是我第一次来到大陆。这次旅行时间非常长，走了好多地方，我从来没有走过这么长的路！这是一次非常特别的经历，一辈子都会记得！"

也许是机缘巧合，郭宏东没有想到，到大陆接受的第一项任务就是穿越大陆，走进离阳光最近的地方——拉萨。这次"爱与和平"活动由自愿报名的单车选手联合组成车队，从上海出发，骑车向西藏进发。在两个月的时间里，车队沿着国道，途经江苏、安徽、湖北、四川、甘肃、青海等省，由成都进入西藏，最后到达拉萨，总行程数千公里。此次随行摄影采访，是郭宏东第一次与大陆的伙伴合作、第一次长时间旅行、第一次横穿中国大陆，深入大陆腹地、第一次阅览如此丰富多彩的风土民情……这么多的"第一次"让郭宏东感慨良多。

从繁华的都市到偏僻的乡间，从水乡丘

陵到雪域高原，从林间鸟鸣到寺庙钟声，一路西行，郭宏东不仅惊诧于大陆广袤壮丽的山河，更为多样的人文风景所惊叹。他按捺着激动，穿梭在传统与现代、原始与文明、历史与现实之间，边走边拍。

郭宏东告诉记者，此次旅行中有太多的景象让他终生难忘，尤其是在远离城市文明的地方，他目睹了另一种人生状态。在这里，没有对物质的强烈热望，却有着对信仰的毕生执著；没有对财富的疯狂追逐，却有着对生活的

→
青海湖，雨中的补给车

怡然自得。晨钟暮鼓里，一箪食、一瓢饮，居陋巷，悠然而乐，心灵满足。面对此情此景，郭宏东默然自省。

　　行进在高原田野间，人们在镜头前的天真自然，让习惯拍摄静物的郭宏东开始关注人，观察人，并开始大量地拍摄人物场景。这其中有沧桑的老人、有天真的儿童、有各种少数民

族，人像成为作品的主要表现画面，他用镜头努力表现真实的人和人的真实。在他看来，一张表情丰富或淡然冷漠的面孔虽然无言，但却镌刻着岁月的纹路，记录着人生的经历，令人感怀低徊。

这次旅行郭宏东拍了一万多张照片。回来后，他将自己喜欢的作品挑出来，办了一次小型的展览，作为此次活动的句号和纪念。

活动结束之后，郭宏东就留在了大陆，并以上海为起点，继续他的发现之旅。

"发现" 之旅

作为一本高质量的人文杂志，《新观念》一直关注着台湾和上海的各种人文风景，常设了两个专栏"爱在台北"和"爱在上海"。翻开杂志，这一面是台北演艺新事，那一面是上海文博新闻，两个城市的点点滴滴就这样水乳交融在了一起。

在台北和上海这对"双城记"之外，近几年《新观念》又将目光投向了大陆的其他城市，开设了一个"发现"专栏。对于此专栏的

缘起，郭宏东回忆说，"几年前一个偶然的机会，杂志去北京采访，组了一批稿子，回来后编了一个'发现北京'专题，感觉不错。之后，就萌生了采集中国城市人文风景的'发现'系列。'发现'系列与其他旅游介绍文章不同，专注于发掘城市中的人文中的景观，文化中的风景，为未曾来过大陆的台湾人发现大陆、认识大陆。"

《新观念》在做"发现"系列时别具匠心，特别注意了时令的相宜，如烟花三月"发现"江南佳丽地的扬州，而在风雪纷飞之时"发现"东北的城市等等，为的是去寻找城市

中最美的风景。

摄影图片是"发现"中重要的部分，也是文章之"眼"。景色佳丽之地，自然被众多摄影师所宠爱，各种图片连篇累牍，要想拍出新气象还得动一番心思。为了表现他人所未能发现的新意，在每去一个地方之前，郭宏东要做很多功课，其中之一就是搜索研究相关的图片，从而避免可能会出现的雷同。

为了求新，郭宏东会选择不同的时间、或不同的现场来表现景物。比如，人们多喜摄取日光中的美景，他就会选择晚上璀璨的霓虹，人们偏爱风和日丽的清朗，他就会表现烟雨蒙蒙中的诗意。"从内容上说，我们更偏重于反映一个城市的艺术与人物，更注重历史与文化，做有分量的主题，可以说是一种深度的旅游。我会在与别人不同时间、不同现场，用自己的视角去新发现，表达不同的感受。我会想象读者如何通过我的文字和图片去认识这个地方。"

在诸多的城市里，郭宏东直言他更喜欢北京。因为北京悠久的历史和浓郁的文化氛围令他激情澎湃。"那里聚集着更多的艺术家，可以看到更多、更好的艺术作品。"郭宏东感慨道，"大陆是个大舞台，有非常多的文化形态，有更多的可能性和选择性。就拿上海为例，到处都可以感受到积极向上的气息，环境是活泼的，生活每天都不一样，都有新的变化。"他坦言，大陆浓厚的历史文化底蕴、多彩的人文风景吸引着台湾众多艺术家的向往的目光，有很多像他一样已经把家庭和事业落在了大陆。

郭宏东笑着说，这几天正忙着装潢他

↑
在路上

　的新居。现在，他们全家已在上海扎根，太
太梁厚雯帮着父母打理位于浦东张江的餐饮
店"百草传奇"，儿子郭来龙在张江高科技
园区里的中芯学校上学。而他也将继续进行
"发现"之旅，这段旅行会很长很长，他也
会一直走下去。

（茆晓明）

1. 唐古拉山附近，在去西藏的路上
2. 到达布达拉宫，抛起队长
3. 拉萨风土人情
4. 昆仑山接近山顶的地标
5. 2003年10月18日，"拉萨行"回上海，在新天地"百草传奇"庆功.
6. 拉萨市中心的八角街，戴面具照(黑白)

用什么样的方式培
育怎样的人，是不
是可以让孩子们成为
未来全球化需要的人
这常常是钟瑞荫思索
的问题。为钟瑞荫校长
造像二〇〇七年七月
写于上海 雨文
印

（杨雨文·绘）

钟瑞丽：
用教育共襄盛举

　　平和的笑容、温暖的气质，这是上海台商子弟学校校长钟瑞丽给记者的第一印象，而越和她接触，就越会感受到她身上浓浓的师者情怀。

　　翻开钟瑞丽的个人履历，她的人生大部分时间是和教育打交道的。无论在何处，钟瑞丽总是以双重身份出现，她既是老师的学生，也是学生的老师，在教与学的互动中，在被哺与反哺的循环中，她与教育事业相知相伴了三十年。

从教上海　心系两岸

随着赴大陆就业经商的台湾民众与日俱增，上海作为台商密度最高的城市，台商子女教育需求也呈不断上升趋势。一部分台胞希望子女尽快融入上海社会，选择就近的当地学校读书，也有部分台商希望子女在上海能接受与台湾同步的教育，以保证其受教育的连贯性，方便日后回台湾继续求学或升学。为了满足这两者的教育需求，2005年，

　　台湾知名教育家张培方先生应运创办了上海台商子弟学校，而有三十年从教经验的钟瑞丽则成为了这里的校长。

　　钟瑞丽之所以选择从教上海，源于她对两岸交流的关注。"我觉得现在两岸正处于一个特殊的历史时期。分割了这么久，如今的交流越来越密切，越来越广泛。在这场走向融合的过程中，我要用教育的方式来让两岸消除隔阂，走向共同繁荣，这是一个为人师者最大的光荣。"上海台商子弟学校开启了钟瑞丽人生中又一扇新的大门。

（梁希毅–摄）

    活跃的经济、多元的文化让上海成为国际
化的大都市，而上海台商子弟学校身处其中，
同时又肩负着与台湾教育接轨的使命，因此，
教学管理相对比较繁杂。

    "身处上海，首先就要考虑的是如何融入
上海，就是说我们既然学校在上海，那么我们

的这些学生就有可能在本地发展，因此我们设计的课程，所采用的教材以及在老师的任用上也要融入本地；其次我们要考虑如何与国际接轨。"钟瑞丽说，"上海是一个国际大都会，我们的孩子未来的舞台是'立足上海、胸怀世界'，所以我们在建构学生国际化能力方面特别注意。学校在英语课程的设置方面加大了力度，同时也创造机会让学生和附近的国际学校交流，这对于锻炼学生的国际观是大有裨益的。"钟瑞丽沉吟片刻，又说："当然对于要回到台湾的这部分学生，我们在教学上也是有所考虑的，那就是保持连贯性，让他们回去后

能够衔接得上，这也是我们在这里建校的一个目标"。

多种形态的教育理念，让台商子弟学校的孩子有了更广阔的视野和未来。而在钟瑞丽看来，认知学习和技能学习固然重要，但是情谊的学习对孩子来讲才是留在他们内心深处的，才是最难能可贵的。

"很多台商子女在大陆接受教育，也许只是三两年的时间，可是对他的影响确是一辈子的。如果有一天他回到台湾，和他的同伴分享他在大陆的这段经历，他可能会告诉他的同伴，亲临西安兵马俑，与古人站在同一个历史

（梁希毅－摄）

舞台上的那种心灵的震撼和在台北看兵马俑展是截然不同的。那种气势经过他们之间的分享肯定会产生一些效力，这种学习就是情谊上的学习。"钟瑞丽笑着说，"人和人之间有时关系紧张是因为彼此可能立场不同，然后又认识不够，一旦彼此有足够的了解和认知，防卫心自然也就降低了，两岸的融合同样也需要用对彼此的认知来化解。"

启发思维　拓展视野

　　当然，对于钟瑞丽来说，让两岸年轻一代
通过文化的交融彼此了解，要克服很多困难。
相对于其他学校而言，这些困难有共性，也有
特殊性。两岸对于一些历史、地理的概念存在
认知上的差异，尤其是台湾的教材和大陆的

教材对于同一个问题会出现两种截然不同的答案。这对于身处上海又要以台湾教材为依据的台商子女来说确实面临着困惑。

钟瑞丽认为，"我们的教育理念不能让孩子死守着一种意识形态，必须让他们对现状有所了解。让他们知道，对于这个问题台湾是怎样认知的，大陆是怎样认知的，目前这种现状还无法解决，未来随着两岸关系的发展可能会发生变化。这是我们在教学的时候所采取的一种弹性的处理方式，这种方式对孩子的发展才是最好的。另外，在陈述事实的同时，我们也会利用社会实践的方式让孩子们到实地去了解。比如说我们六年级的孩子，他们毕业了，我们会组织他们到南京、到无锡，让他们到历史的发生地去寻找答案"。

除了应对两岸在认知上的差异外，钟瑞丽还要面对和其他学校一样共有的压力。那就是身处上海这样一个国际化的大都市，家长对学校的期待也会相应的增加。身为一校之长，钟瑞丽深知肩上的责任，"用什么样的方式培育怎样的人？是不是可以让孩子们成为未来全球所需要的人？"成为她常常思考的问题。钟瑞丽感到她肩上的那副担子更重了，她需要和她的老师们并肩作战，共创未来！

求同存异　共创未来

　　台商子弟学校的老师来自多个地方。班主任来自台湾，教课的老师则来自上海本地和其他国家。这些来自不同地区、不同文化环境的老师，在思维方式和生活习惯上存有很大的差异，如何让大家"求同存异、共创未来"是摆在钟瑞丽面前的一个现实问题。

→
钟瑞丽照片

在钟瑞丽的办公室里，摆放着一张圆桌，圆桌上铺着一块台湾朋友送的柔软的桌布，这是她和老师们共进下午茶的地方。常常在温暖的午后，阳光暖暖的照进屋内，老师们围在圆桌边上，每人一杯咖啡，边喝咖啡，边聊天，这种亲切的聊天方式拉近了彼此的距离。在交谈中，这些来自不同地区的老师看到了彼此的差异，更了解到了对方的长处，谈笑中，误解少了，谅解多了，不知不觉中，大家的手拉到了一起。

在台商子弟学校供职两年多的时间里，钟瑞丽最大的感受就是一路走来"筚路蓝缕"。钟瑞丽说，自己是一个不愿意去规划未来的人，在美国念书的时候，她的教授问她"瑞丽，你今天博士资格考过了，你谈谈看，未来有什么想法。"钟瑞丽回答："三、四年前如果我一直在想要拿到这个博士学位，那我可能就走不下去了，因为那是一个相当远的目标。对于人生的漫漫旅途来说，我只求活在当下，走好脚下的每一步。"而今天，摆在她眼前的又是一个远程目标，但是她依然力求做好眼前的事情，写好每天的报告，上好每一天的课。

虽然目标远大，但却步履淡定！这是钟瑞丽一直以来的个性。正如钟瑞丽最初的理想并不是成为一名教育工作者。她曾经想象自己优雅地端坐在钢琴前，让人生顺着那美妙的音符缓缓的滑动。但生活常常不是按照预设的轨道前行，当某一个机遇突然来临时，你预设好的乐章戛然而止，是续写还是另谱一曲？钟瑞丽选择了后者，她成为了一名教育工作者。这不是一条她所预设的路，但是在这条路上，她心中一直有一个信念——用教育共襄盛举！她相信，只要信念坚定，步履踏实，那一天就不会太远！

（王　倩　李文君）

在黑暗的孕室
里如果你愿点亮
纵周围的蜡烛大家
再互相点亮，不就
变成满室生辉了吗

为莹莹女士造像 二〇〇七
卢苇诗 写于海上 雨文 [印]

（杨雨文-绘）

苏淳莹：
用爱心光亮世界

　　在黑暗的斗室里，如果只有我一根蜡烛，你一根蜡烛，我们两个人互相点过来点过去，那么这个黑暗中永远只有两根蜡烛的光芒。但是如果你能点亮你四周的蜡烛，大家再互相点亮，不就变成满室生辉了吗？

——苏淳莹

　　苏淳莹：台湾人，在来大陆的13年间为大陆的慈善事业捐助并募集1000多万。

艰辛童年　爱心萌动

　　苏淳莹给人们的第一印象是她的那双美丽温柔的大眼睛，

　　这双眼睛在说话时愈发的晶莹。看着她的眼睛，就好像看到了她内心的和善、质朴与真诚。

　　上世纪60年代，苏淳莹出生于台北一个大户人家。富裕的家境并没有给她带来童年的快乐。苏淳莹七岁那年母亲便离她而去了，失去了母亲的苏淳莹并没有得到父爱的温暖，从小就要很辛苦的打工、赚钱。她深深体验到那种无助的痛苦，"这种感觉真不好、真难受，将来我有能力帮助别人的时候，一定要竭尽所能。"童年的艰辛让苏淳莹刻骨铭心，也让她变得早熟。

苏淳莹很小就对金钱有了自己的认识，"金钱是必需的，但不是万能的。可能有的人认为，他今天所有的不开心是因为他没有钱。如果他有了钱，他所有的烦恼就都解决了。其实不是这样的。我从小就生长在一个有钱的家

（梁希毅一摄）

庭，知道有钱人的生活是怎么一回事。我也清楚地看到我的长辈们是如何的不开心、如何彼此争斗。因此，光有金钱是绝对带不来全然的快乐和尊重的。"这种观念一直深深地影响着苏淳莹的人生。

1994年，苏淳莹和丈夫来到大陆，在这里她开启了她的爱心之路。"这一年，我先生所服务的公司计划将我们调往美国总公司任职，一切准备就绪之时，公司突然宣布，整个组织结构改组，原本要去的公司取消了，而这时我们在台湾的工作又已交出，这可如何是好？就

在这个时候，一直提携我先生的该公司亚太地区总裁，希望我们能前往北京工作。"苏淳莹回忆那段经历时说，当时大陆的物质条件与台湾相比还有一定的差距，先生对去大陆还很犹豫，但为了报答公司多年来对他们的栽培，苏淳莹一家还是搬到了北京。

时隔十多年的今天，苏淳莹的很多朋友都夸他们有远见，那时候就知道回大陆。苏淳莹爽朗地笑道："远见我绝对没有，你倒不如说我们对公司有忠肝义胆！"

青海之旅　爱心开启

　　苏淳莹在大陆的爱心之路缘于一次青海之行。

　　1994年，在苏淳莹来到北京一个月后，一个偶然的机会，苏淳莹去了一次青海。在黄南藏族自治州的学校里，她见到了破茅草屋顶的校舍和将倾倒的泥墙，同时也为孩子们渴求知识的清亮眼神所打动。那一刻，她觉得她有责任去帮助那些需要帮助的人们。

　　日常生活中，苏淳莹从来不买贵重的珠

宝，她把自己认为不需要花销的钱节省下来去帮助他人。有一次，苏淳莹家的保姆生了孩子，苏淳莹不忍心让她一家三口分居两地，便把一家四口出国旅游的费用给了她，让她回家做生意。苏淳莹觉得一个人如果要值得别人尊重，不需要用外在的东西去衬托，只有内在散发出来的光芒才是最动人的。

对于苏淳莹做法，她的丈夫一开始并不支持。苏淳莹就对他说，"我们捐了这些钱以后，缺了吃、穿、玩了吗？银行上那个数字你做什么呢？人生要多少钱才够用呢？有的人有了钱可以去买飞机、买游艇，可是我觉得我不

（梁希毅-摄）

愿意这样去做。”渐渐地，在苏淳莹的影响下，丈夫的观念也有了转变。

　　在苏淳莹的记忆里，有一位接受过她帮助的善良母亲让她印象深刻。这位母亲的女儿得了脑瘤，苏淳莹知道后便主动拿钱给她治病，但是爱心并没有留住年轻的生命。在送走了女孩后，苏淳莹还是一如既往的关心着这对无儿无女的可怜夫妇，希望能给他们一些慰藉。有一天，女孩的妈妈从山东跑到上海来看望苏淳莹，她搬来了一尊一米多高的白瓷观世音菩萨。这位母亲说，"这是用原来准备给女儿买嫁妆的钱订做的。现在女儿不在了，嫁妆也用不上了，这笔钱现在这样用是最合适的。"这位母亲的举动让苏淳莹非常的感动，这尊佛像她一直供奉着，她觉得，那是一个善良母亲对"爱"的最真诚质朴的表达。3年后，这位母亲又一次来拜访苏淳莹。这次她带来了三万块钱，那是当初苏淳莹给这对夫妇开店用的钱，苏淳莹并没有想过让他们还，因为他们做的是小本生意，赚点钱不容易，可是这对善良的夫妇竟然省吃俭用把这笔钱还给了苏淳莹。在拿到这笔钱后，苏淳莹说她觉得自己手中闪动着的是人性的光辉。

13年来，接受过苏淳莹资助的人很多，而在她看来，正是这些普通人的善良和纯朴，支持着她一路坚持。

近年来，苏淳莹将援助的重点放在了西部——她爱心开启的地方。从2004年开始，她便和一群志同道合的企业家朋友计划筹资4000万元，在四川甘孜藏族自治州建一所福利学校。苏淳莹不仅希望参与硬件建设，更希望参与教学管理，为此，她在上海创办了小哈利田园艺术双语幼儿园，希望汲取一些办学的经验。苏淳莹说，"我希望用金钱来帮助贫困地区的人们，用经验来帮助城市里的家长。"

苏淳莹照片
↓

蜡烛虽小　光可照人

　　苏淳莹也有失落的时候，那就是她的资助虽然让一些人摆脱了物质上的贫困，但没有从根本上摆脱精神上的贫瘠。有些人对苏淳莹的付出并不感恩。这让苏淳莹感悟到，献爱心不仅仅是捐款，它的意义更在于荡涤人心。

　　苏淳莹觉得2006年诺贝尔和平奖得主印度的一位银行家开设的穷人银行对自己的启发很大。她说："救人一斤是恩人，救人千斤是仇人。就是说如果他只接受你一点点帮助的时候，他会很感激你。可是你给他多了，或者让他认为理所当然了，他人性中比较恶劣的贪欲就会显露出来。"所以苏淳莹认为，穷人银行的援助方式很好，"它不会无偿给你，你必须要还上这笔钱，这样你就有压力，就会更加努力，奋发向上的意志就被调动出来了。如果只是一味地给钱、给钱，真的会把人的贪欲和惰性给培养出来。"有了这些经验以后，苏淳莹的援助不再是无偿的了，她要求接受帮助的人在条件允许的情况下把钱还回来。

除此之外，苏淳莹还告诉被她帮助的人："今天我帮助你，我是真心的，不需要你回报我。但是我对你的要求是，你一定要在你站起

（梁希毅—摄）

来之后去帮助你四周跟你有缘分的人。也就是说，我们共处一个黑暗的斗室中，当我把你的蜡烛点亮了之后，你再去点亮你四周的蜡烛，那么整个房间就都会亮起来。"

13年来，苏淳莹已经为大陆的慈善事业捐助并募集到了1000多万，她的善举为她赢来了关注，她被评为"2006年度中国爱心人物"。

现在，人们都亲切地称呼苏淳莹为"爱心大使"，但是苏淳莹却希望自己在别人眼中是一个很亲切的朋友，不希望被特殊化，因为自己还是一个很平凡的人。

蜡烛虽小，光可照人。苏淳莹质朴纯净地行走于上海这座光鲜靓丽的城市，用爱心温暖孤寂冰冷的角落。渐渐地，她发现四周亮了起来，爱开始在她的四周传递着。很多接受过苏淳莹帮助的人，也以同样的方式去回馈社会了。苏淳莹觉得自己手上的这根蜡烛正开始发光、发亮！

（王倩　杨雨文）

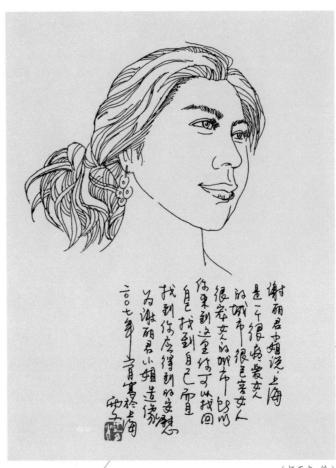

捌　Chapter Eight

（杨雨文–绘）

寻梦上海

——记威旺创新（上海）集团形象总监谢丽君

    三十年前的上海，一个有月亮的晚上……我们也许没赶上看见三十年前的月亮。年青的人想着三十年前的月亮该是铜钱大的一个红黄的湿晕，像朵云轩信笺上落了一滴泪珠，陈旧而迷糊，老年人回忆中的三十年前的月亮是欢愉的，比眼前的月亮大，圆，白……

    这是张爱玲《金锁记》中的一段。张爱玲是成名于上世纪四十年代上海的一位女作家，她在小说中生动描绘了红尘霭霭的老上海。境随时迁，但张爱玲笔下叮叮当当的老式电车、咿咿呀呀的胡琴、水门汀的石库门房子今天依然是很多人的上海旧梦，依然有人逐梦而来到上海，谢丽君就是其中之一。

出走台北

　　谢丽君，出生在台湾省南投县。来上海之前，在台北做了17年的造型设计师，曾经与王力宏、梁咏琪、郑伊健、舒淇、大小S、陶晶莹、胡瓜等等明星合作过。现在是威旺创新（上海）集团形象总监。

　　从台北到上海，对很多台湾人来说都是抱怀着寻找新机会、新市场、新发展的希望而来。而谢丽君不是，她是在人生的低谷中被上海旧梦牵引而来，是出走，也是重生。

在台湾，谢丽君曾经是许多人羡慕的成功女性。她当时的丈夫是著名的音乐制作人，夫妻俩生活美满，事业顺利。这是一段美好的日子，直至有一天，她的丈夫爱上了另一个女人，而这段绯闻成为台湾娱乐新闻的头版头条时，谢丽君的幸福生活至此打上了休止符！

意外的感情婚变以及八卦新闻的狂轰滥炸，使谢丽君身心受到重创。她因颜面神经失调，住进了医院，两个月中动了无数次手术。谢丽君眼睁睁地看着自己在不停地向下沉，下沉，直沉到黑暗的谷底，甚至在手术中她似乎都闻到了死亡的味道。

"我在想，如果这样下去，我会死掉。我必须选择离开！"出了院身体康复后，谢丽君带着仅有的2000块钱，飞过海峡来到大陆，她的目的地是上海。

　　选择上海，不为别的，只是因为张爱玲。"我特别喜欢张爱玲，小学时候就读张爱玲。我觉得人的骨子里就有一个老灵魂，能感受到前世今生，这与人的年龄大小无关。我对老的东西有一种特别的依恋，特别的感情。婚姻让我的老灵魂重生，重新看自己，重新审视自己大半生。"由于对张爱玲的酷爱，谢丽君内心的"老灵魂"与张爱玲笔下的老上海似乎有着千丝万缕的联系。

在台北住院时，谢丽君让弟弟回家帮她拿些书来看。弟弟带来的竟全是张爱玲的书。谢丽君躺在床上，每天沉浸在张爱玲的故事里，沉浸在老上海的旧梦里。那回荡着馄饨担子、油炸豆腐、酒酿和儿童玩具的各种叫卖声的弄堂、说着"你拨我十块洋钿，我就搭侬买"的上海人、排列着各色洋装店、裁缝铺、巧克力店、糕点屋和歌舞厅的街道，行驶着的老电车、微风中的藤椅、雨夜的霓虹灯……成为谢丽君魂牵梦绕的地方。虽然她是高山族一个部落公主的女儿，然而这个隔着海峡、隔了半个多世纪的遥远呼唤，却让她的"老灵魂"一度战栗。"那个时候，我觉得这就像一粒种子一样，在心里慢慢埋了下去。突然之间，我和妈妈说，我要去上海！"

在选择离开的时候，谢丽君几乎没有犹豫，张爱玲笔下的上海是她所选择的心灵憩息地。她关上手机，收拾好行李，独自去上海。临走前，她对母亲说，"如果有一天我不在，不要担心，我是出去寻找。"

就这样，老上海的旧梦牵引着她飞过台湾海峡。在上海，在张爱玲生活过的地方，她要将一切归零，开始新的生活。

沪上谋生

（梁希毅·摄）

　　梦是迷人的，但现实却是严峻的。刚刚
到上海的谢丽君，面临的不是梦中的浪漫与温
馨，而是种种窘境。

　　谢丽君尽管在台北很有名，可在上海却没
有人知道她，而她所从事的造型设计在当时的
大陆还不很普及。她面对的是一个完全陌生的
城市，举目无亲，身上带着的钱连生活的开销
都不够，甚至为了一日三餐而犯愁。在台湾过

（梁希毅-摄）

惯了开名车、住豪宅的豪华生活的谢丽君此时尝到了谋生的窘迫和艰苦。

她在上海最初是寄住朋友家。正好朋友出国，房子空出来给谢丽君落脚。住了二十多天，她就搬了出来，自己开始找房子。这时，正巧有机会到中央电视台去做跨年节目的造型。谢丽君就提着行李赶到北京。在北京的那段日子里，她带着行李到处跑，四海为家。对于习惯于亚热带温暖空气的谢丽君来说，北京实在太冷，冷到不能适应。

　　她又回到上海，又飘落回梦的起点，飘落到张爱玲曾居住过的这个城市。"那段时间真的蛮辛苦，因为你不知道工作在哪里。后来因缘际会，我就在星空卫视做事，也是朋友介绍的，做了一年的时候，刚好东方卫视在招揽形象设计师，我就去试试。"

　　像片被风追逐的落叶，谢丽君抓着旧梦的痕迹，在这个城市里追寻着自己的归宿。即使再艰苦，她也没有想到离开。她如同踯躅在一座窄窄的独木桥上，不能回头、不能转弯，脚下是急浪湍流，唯一的选择只能下定决心往前走。"有时候人必须要有决心，有决心才不会感到苦。生命本来就有很多跌跌撞撞，有的撞到身上可能会淤青，可能会流血，可是你不要把淤青、流血当回事。撞了之后，那块肌肉更经得起撞，多几次磨炼会更强壮。"

坚强面对生活的谢丽君终于迎来了春天。她被上海东方卫视聘用为形象设计总监，这是上海东方卫视第一个来自台湾的总监。事业上的成功使谢丽君内心重新焕发起热情，此时的她敢于平静地直面自己的婚姻。她在上海一档"大话爱情"的节目中谈了自己失败的婚姻，鼓励婚姻和感情受挫折的女性同胞振作起来。

她在节目中深情地说，"上海是一个很疼爱女人的城市，很包容女人，很宠女人的城市，所以你来到这里你可以找回自己，找到自己，而且找到你应得到的安慰。"

近几年，除了在上海东方卫视担任形象设计总监之外，谢丽君还在很多大型活动中担任嘉宾，去北京大学、复旦大学等高等学府为大学生做礼仪演讲，分享自己的礼仪方面的知识和经验。与此同时，她还在上海开了自己的瘦身中心。

谢丽君终于在上海落地生根，在这座美丽的城市里长出新的枝干，沐浴在阳光中，慢慢长大。

融入上海

　　2002年，当谢丽君刚来上海时，感觉上海是个收容所，收容她这样一个落难的人。慢慢地，上海的进步使她开始感受到这座城市的激情。她被这种热情激动着、鼓舞着，也像年轻人一样，热情澎湃地参与到上海的发展中去，成为创业大军中的一员。现在，谢丽君在上海有了稳定的事业和自己的家，上海的空气、花和水，所有的一切已成为她的生活、她的生命中的一个部分。她和大多数上海人一样，是一

个安稳的生活者，享受着平静的生活所带来的
心灵滋润。

　　"我现在用平常心来看上海，因为她是
我的家了。每次从国外回来，如果是回台湾的
话，我就有点难过，感到那个氛围全都是吵
架，充满了很不愉快的记忆。如果是回上海
去，我会很开心，感觉是回到一个安定的地

（梁希毅一摄）

方。我妈妈曾问我，'你会回来吗，你会长
住上海吗？'我说，'妈，我应该会长久住
在上海，如果可以的话，将来找到一个很好
的伴侣，那个伴侣不管是谁，上海都是我另
外一个家。'"

　　在上海生根的谢丽君已把自己当作了上
海人，而她的老灵魂也在这座城市复苏，寻找着老上海的旧梦。出于对于老上海的迷恋，谢丽君对老建筑有一种特别的偏爱。她将自己瘦身中心公司开业庆典就安排在了位于上海历史名区新乐路82号（原法租界）上海首席公馆酒店。这家酒店是1932年由法国著名设计师拉法尔设计，为昔日上海滩风云人物黄金荣、杜月笙等人合股公司的办公地所在，据说梅兰芳也曾在这里一展风采。当她静静地走在这座散发着历史幽暗沉香的老洋房里，谢丽君能强烈地感受到心灵的悸动，"能亲临在历史的建筑物中，是多么荣幸的一件事！"

2006年的4月29日，谢丽君实现了她盼望已久的心愿——在一座老洋房里安了家。

在上海的五年生活，今天的谢丽君已变成了一个漂亮的上海小女人，连说话的口气都像上海人。提到上海，她会笑着说，"在上海机会很多，事业啦，爱情啦还有重新再来的机会。有的台湾女孩子到上海来寻找爱情，我有四个'姐妹淘'都相约来上海，去年有两个嫁掉了。嫁给了上海人，都很优秀！""上海不仅是时尚的风向球，她更像个钻石，在发亮！每个人看到钻石，都会向钻石的方向走去。我想如果有外星人的话，他们也会来这儿！"

（梁希毅-摄）

　　谢丽君没能赶上看见半个多世纪以前上海的月亮。她想着六十多年前的月亮该是铜钱大的一个红黄的湿晕，像朵云轩信笺上落了一滴泪珠，陈旧而迷糊；而今天她眼中的月亮是欢愉的，比六十年前的月亮大，圆，白……因为它照耀下的这个城市正日益散发出迷人的光彩。

（茆晓明）

黄瑞芳先生
认为艺术创作
品只有变我
反众的焦点,
才能发挥最
大的力量,进而
去影响社会,
为黄瑞芳先
生造像二〇七
年一七月写
於上海帅力

玖 Chapter Nine

（杨雨文·绘）

黄瑞芳:
让艺术走进更多人的视线

在科技文明发展浪潮席卷全球之际，以古老的中国狼烟诠释人类自古迄今永不止息的争战纷扰，以人体器官系统病变隐喻现在分合对立诡谲多变的国际局势，再以象征科技文明沟通的大量电子零组件来组构互动感应作品，呈现科技发展不可预知的未来……这样天马行空般的创意来自一位画家，他的创作风格常常跳出传统的画布，用各种创新的艺术形式来吸引公众的眼球，求得观者的共鸣。他就是台湾当代艺术家黄瑞芳。

社会艺术家的社会责任

　　和黄瑞芳见面是在上海南京路的一家咖啡馆，当时他刚在上海举办完画展，兴致非常高涨，话题就由此而开始。

　　黄瑞芳告诉我们，这次画展是以融化的企鹅为背景，反映"全球暖化"问题。画展中每一件作品都跳出了传统意义上的四四方方的画布、材质以及造型，用融冰的效果塑造出立体的造型。融冰状造型企鹅画作诉说着全球暖化危机即将带来人类史无前例的巨大灾难，从而形象地传递出全球暖化的危机意识。黄瑞芳说，"全球暖化的问题已经越来越严重了，可是回到我们每个人的生活，我们还是会开车，天气热了我们还是会开冷气，因此创作了这一系列以全球热化危机为主题的作品来唤醒人们关注气候对于人类文明与历史进程的影响。"

（梁希毅–摄）

　　以艺术的手法表达严肃的主题，将绘画与
社会责任的主题有机地结合起来是黄瑞芳作品
的一大特色。他的创作是新颖别致的，他常常
用东方古老的通讯工具——狼烟、风筝、孔明
灯和鸽子或是现代的科技手段作为材料，表达
有关当今世界科技所引发的危机的主题，给人

以视觉上的冲击。

2003年，黄瑞芳在高雄举办了一个非常有名的活动，叫"狼烟计划"。把中国古代长城烧狼粪、燃狼烟的形式转移到高雄的十栋摩天大楼的楼顶，用一柱柱冉冉而升的狼烟来唤起人们对"9·11"事件的反思。这也是全世界唯一一个用整个城市天空来做创作场域的行为艺术巨画。黄瑞芳的创意引起了人们的广泛关注，人们开始纷纷谈论什么是艺术？艺术的影响力究竟有多大？

黄瑞芳将自己作品的这种社会效应定义为"艺术与营销理念的结合"。黄瑞芳认为作品只有变成民众的焦点，才能发挥最大的力量，进而去影响社会。因此，如何把企业行政管理知识与艺术理论结合起来，形成一种宣扬艺术的新方式，是黄瑞芳很看中的命题。为此，黄瑞芳2006年考上了中欧商学院的EMBA班，成为两岸三地第一个艺术圈内人士去念EMBA高层管理硕士的人，"国外一流的美术馆，比如美国的古根汉姆、巴黎的庞贝特艺术中心、英国的泰特现代美术馆，他们的执行长或馆长大多具有企业管理能力和艺术修养，而这些恰恰是目前国内的艺术家所欠缺的。如今中国正在

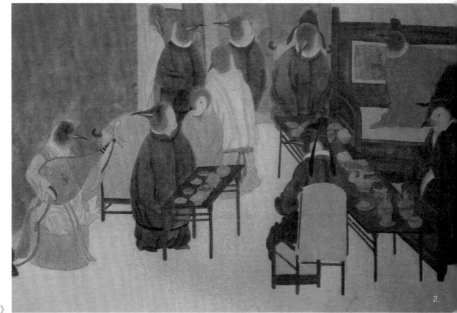

1_作品《超越乌托邦》
2_作品《融化前的享乐》

崛起，成为全球热点，自己有责任和其他艺术家一起建立一个以中国为主体的艺术产业。"

　　黄瑞芳说，国内这几年各地都在建很大的美术馆，虽然硬件设施上去了，可是软件并没有跟上，还缺少一流的艺术管理行政人员，很多美术馆还在以展览国外一流艺术家的作品为主，就像代理商一样。"我们不应该长期依附西方的艺术观点，而应该建立以中国艺术为主体的艺术馆。"

以艺术促进两岸交流

　　黄瑞芳说，"1998年在英国，我的教授告诉我：一个艺术家又是公共知识分子，不仅要表达内在思想，更要传达社会责任心，引起社会、民众的关注和支持。"教授的话引发了黄瑞芳的更多思索，他渐渐领悟到，一个艺术家

不仅要通过作品来传达社会职责，更要通过一系列的策展活动让艺术走进更多人的视线！怀抱这个愿望，他来到了上海。

黄瑞芳的祖籍福建，2006年8月份作为新移民，他来到上海。在此之前，黄瑞芳从苏格兰罗伯哥登大学格瑞斯艺术学院毕业后，便在台南的树德科技大学视觉传达设计系任专任讲师，教授当代艺术，艺术管理、展览设计与市场等课程。除了教书，黄瑞芳还担任台北的中央研究院生图美学空间策展人之职，这一机构是全台湾最高等的学术研究机构。这一职位也让他有机会经常往来于两岸。

　　五年多来，黄瑞芳看到北京和上海在国际上的艺术地位和声望正在快速提高，所以去年8月便辞去了台湾的工作，来上海定居。

　　从台湾来上海的一年里，黄瑞芳有了更多的机会接触到国内外不同风格的艺术家，这让他的思维更加开阔了。这两年黄瑞芳正在筹建一个当代艺术俱乐部，他要整合中欧的企业资源，以上海为主，在安徽、云南、福建等地举办一系列大型活动，通过艺术和企业合作的形式来创作艺术嘉年华。

　　在黄瑞芳的当代艺术俱乐部正在积极筹备之时，黄瑞芳的另一个艺术嘉年华也在同步进

←
作品《末代企鹅》局部

行——上海和台湾彰化的海峡"双联展"！由于经常往来于两岸，如何让两岸的艺术家有更多的交流，大家通过作品探讨海峡两岸文化、地理、血脉、历史和民族的议题，是黄瑞芳常常思索的。当黄瑞芳得知台湾美术馆前馆长倪再沁想要在上海和台湾的彰化举办一个两岸艺术家的"双联展"时，便开始积极的促成此事。黄瑞芳说，以前举办的很多"双联展"特点并不突出，希望借此海峡"双联展"有所突破。他认为，两个城市跨越海峡同时举办画展，两岸的艺术家通过他们的作品表达对两岸议题的看法，用当代艺术的形式来促进两岸的交流，引起公众的思索，这是非常有意义的事儿。

对于未来，黄瑞芳有很多计划，"上海是一个很有吸引力的城市。一切都发展得很快，也变化得很快。有很多机会使你去结识许多本地非常优秀的艺术家和策展人。虽然有时也会感到竞争很激烈，但同时也促使自己更用心地去做艺术。"

黄瑞芳现在在上海已经建立了以自己的名字命名的工作室，他要继续制作更多的以科技文明为主题的互动装置，躯干系列也是他的工作重点。当然更重要的是他希望未来能在上海或北京实现自己的"狼烟计划"，这将引起艺术轰动。

（王　倩　　杨雨文）

（梁希毅 摄）

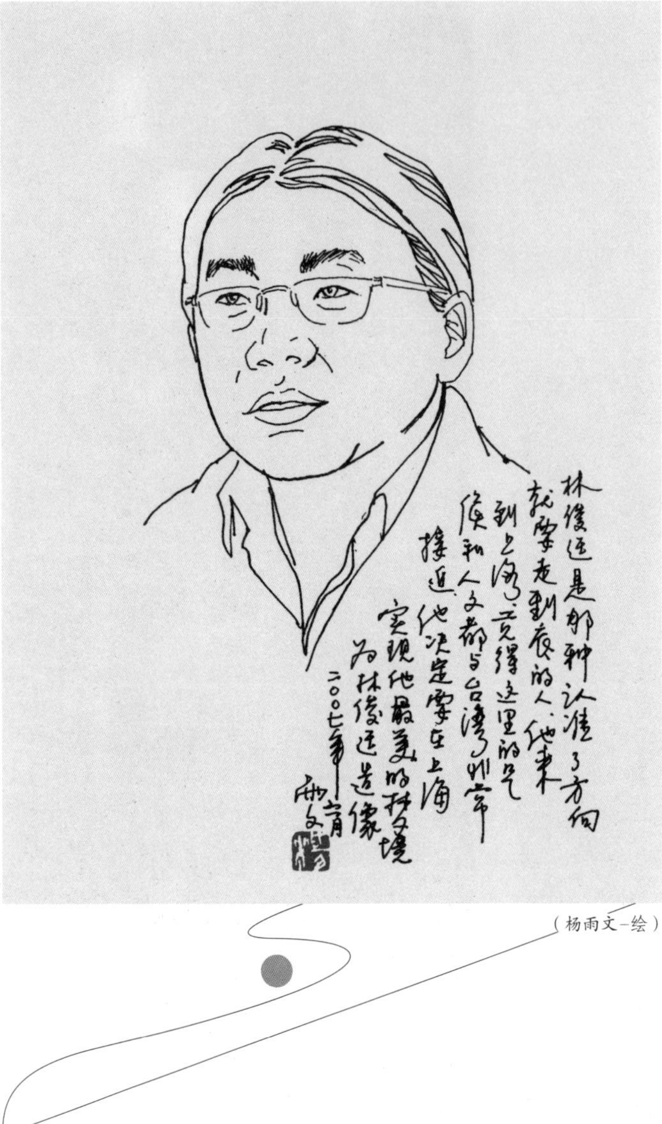
林俊廷是那种认准了方向
就要走到底的人，他来
到上海，觉得这里的气
候和人文都与台湾非常
接近，他决定要在上海
实现他最美的梦境
为林俊廷造像
二〇〇七年一月
雨文

拾　Chapter Ten

（杨雨文–绘）

林俊廷
和他的新媒体艺术

　　台湾新媒体艺术家林俊廷说他是个爱做梦的人，他的作品都与梦境、时空有关。他利用电脑的3G技术来完成自己的虚实创作，从而让观者体验一种经由身体参与、经历心理知觉变化的过程。

　　《蝶域》是林俊廷具有代表性的作品。当观者进入空间，一记光束从上洒下，地板点点幻幻，细看才知是蝴蝶。抬头，只见漫天彩蝶，似乎随着观者的移动而追逐着。观者接着会看到角落有一个黑色方体，一接近玻璃镜面才知道上头停栖着一只蝴蝶，当你的手一接近可望抓到它，蝴蝶，飞了！你的手一离开，它又歇息在那儿！然后，你会看到墙上出现了一个金色画框，中央好像贴着一张纸片，依稀写着《庄周梦蝶》字样，走近想要看个仔细，纸片消失、幻化成一朵金色玫瑰。旋即，几只仿佛透明、精灵般蝴蝶绕着玫瑰花转了之后，跃飞而起。鼓翅之间，天空洒落好多金粉，观者就在这不经意的过程里面，沾上了金粉，走出了展场。一切好像在无意中捡拾起某个片断，有点不真实，却又好像很实在经历过一场惊艳，好比肩上的金粉，很真切，但又显得有些虚幻。作品似乎在诉说着"庄公晓梦迷蝴蝶"的故事，但实质是要用这些虚虚实实的感受来唤起人们对以往的怀念。

看过林俊廷作品的人都会惊讶地问："你是怎么做到的！为什么会有这么奇特而又美妙的想法？"林俊廷说他的构思常常是灵感闪现，正如他和新媒体艺术不期而遇，经历了重重挫折，终于拨开云雾，柳暗花明！

← 作品《蝶域》局部

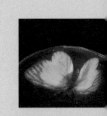

道路坎坷　不言放弃

谈到自己当年的发展历程，林俊廷说，
"在台湾的教育理念中，男生就是去念理工，
女生就是去念文法商，父母是不会鼓励自己去
学艺术的，自己也不是非常清楚要走这个方

向。只是一个偶然的机会接触到了一些搞艺术的朋友，才在自己念书的时候报考了和设计相关的学校。又在学习的过程中发现自己在这方面还有些天赋，于是在读研究所的时候就转学了艺术。"

虽然明确了自己的发展方向，但林俊廷逐渐发现在传统艺术这条路上很难有发展的空间，要想脱颖而出，就必须另辟蹊径。这时他盯上了新媒体艺术。其实林俊廷很早的时候就对新媒体艺术有所尝试，只是那时的创作还不成熟，想法也比较单纯。现在要把它当成作品来做，难度自然就会加大。尤其是看起来充满诗意的新媒体艺术不仅需要创作者的艺术功

→
作品《化境（梅、兰、竹、菊）》

底，还要熟练地掌握计算机科技。而且科技含量非常高，复杂到对展览环境的电压电流，甚至某一金属物都会对作品能否顺利展示产生巨大影响，复杂到有的作品只能艺术家本人才能安装，因此林俊廷的创作非常辛苦。他不仅要承受创作本身所带给他的压力，还要承受周遭环境对他的排挤。毕竟是在学院里面，这样的创作是不被认可的。

　　林俊廷说自己当时的成绩并不好，甚至还有零分的时候，他感到非常困惑，甚至对自己的选择产生了怀疑，"这条路还要不要继续走下去？"经过了一番思想斗争，他得出了这样的结论，"你已经走上这条路了，如果回到原点和别人做一样的作品基本上没有什么发展的机会，还不如继续走下去！"当然，林俊廷也并不是孤军奋战，他的身边陆续出现了支持者。一些老师告诉林俊廷，"艺术创作没有所谓形式的问题，就是坚持的问题。"老师的话更加坚定了林俊廷走下去信心。

灵感一闪　作品出现

　　当林俊廷离开学校毕业的时候，他发现新媒体艺术突然成为台湾艺术发展的一个主流，这无疑给了林俊廷更多的机会。林俊廷的作品受到了关注，他幸运的拿到了台湾第一届"国际科技艺术奖"，这个奖项使他有了去纽约学习的机会。

　　在纽约，林俊廷的创作有了新的飞跃，他的作品《蝶域》诞生了。谈到这幅作品的创作，林俊廷称那是一个非常奇妙的过程。当他在纽约得知自己要参加这个展览时，很兴奋也很紧张，因为人生地不熟，一些要用的器材不知道去哪里买，脑子里很乱。后来冷静下来，就决定什么都不想，相信作品自己会出现。于是，他跑到展场去，在那里用心去感受自己未来在这里将要做成什么样的作品？林俊廷说，

"我开始试图放松自己，去捕捉一个未来的记忆。那一刻，我感觉到了'轻、飘和穿梭'。后来有一天我和太太在聊天，不知谁聊到了

《庄周梦蝶》，当'蝶'这个字出现的瞬间，我的作品也就诞生了。"《蝶域》创作出来以后，在众人的惊叹声中，林俊廷自己也感到有些诧异，因为，这件作品已经超越了他以往的经验范围。

林俊廷的这件作品被纽约科技艺术中心收藏，这对于他来说是一个莫大的鼓舞。与此同时，林俊廷在纽约也看到很多国际级艺术家的背后，有一个完整的团队在工作，他决定也组建一支属于自己的团队。回到台湾后，林俊廷辞去了在大学教书的工作，开始筹建他的"青鸟工作室"。

一开始工作室只有他和太太以及一个朋友三个人，2004年，随着人员的逐步扩充，林俊廷将"青鸟工作室"改名为"青鸟新媒体艺术"。林俊廷开始将一场场艺术视觉盛宴带给台湾的观众。台北故宫和台湾的海洋生物博物馆都曾展出过林俊廷的作品。2006年，林俊廷的数字互动公共艺术作品在台北展出。他根据台北红绿灯的样子，在一条普通的街道上做了几个50厘米见方的灯，这些"交通灯"之间还有一些互动，按下按钮，灯里原本坐在地上打瞌睡的"小绿人"便醒过来，而对面的"小绿人"也会相应做出一些滑稽的动作。这个作品的名字叫"小绿人的城市梦"，台北市希望这个工程能够成为城市的某种象征，告诉民众"这个平时指挥人们过马路的'小绿人'其实也有自己的生活"。很多人在欣赏着这个"小绿人"的同时也记住了林俊廷这个名字。

寻求突破　转战上海

　　如今林俊廷又向新的目标出发了。他觉得在台湾已经没有更新的挑战了，应该换一个舞台，他看上了上海2010年世博会和北京2008年奥运会。有人问他，"为什么不去欧洲"？林俊廷认为，"欧洲的艺术家现在都要到中国大陆来发展，为什么我反而要缺席呢？"一直以来，林俊廷是那种认准了方向就要走到底的人，这次也不例外。林俊廷来到了上海，他觉得这里的气候和人文都和台湾非常接近，能够很容易适应。不过他想最终还是会到北京去的，他觉得北京的文化底蕴更加深厚，而且艺术氛围也更加纯粹。

林俊廷现在的生活是三点一线，工作室和家人在台北，暂时定居上海，到北京去办展览，这样的生活让他非常的忙碌，邀约不断。

↑
作品《消失的时态》

上海的世博会和电子艺术节以及其他一些单位已经向他发出了邀请。他觉得他要在这里停留下来，因为这个可供他展翅飞翔的舞台实在是太宽广了，他决定要在这里实现他最美的梦境！

（王　倩　　杨雨文）

（梁希毅－摄）

常文的说
我感到很骄傲的
我的每一篇文
章一经转载就不是的
是网上转载的我
的每一张图片也不
会被盗�取到这里面
搞�/作的我的安全
是自己来做的。
辛卯年三月
写於上海 予霄

（杨雨文 绘）

常文驹：
用心打造情感纽带

常文驹，《移居上海》的首席代表，一位在上海忙于联谊台商的出版人。在上海可选择的行业太多，本来与文化事业不沾边的常文驹，为什么偏偏选择用杂志的形式联系台湾乡亲？这本区域性极强的繁体字刊物，是如何成为服务台商的平台的？2007年年初的一天，我在上海访问了常文驹和《移居上海》编辑部，感受到了这块台商情感天地的独特魅力。

一、

　　2001年11月，一本名叫《移居上海》的杂志悄然问世。此时，"去上海投资，到上海发展，在上海安家"，正成为风靡台湾的时尚，而这本繁体字竖排的生活类杂志，就顺应这股潮流，贴近投资与定居上海的台湾人生活。人们惊奇地发现，这本刊物之所以实用性很强，让台商们喜闻乐见，在于主办杂志的常文驹，自己就是一个在上海打拼的台商。

　　常文驹在台湾念大学时，学的是物流专业。毕业后他做贸易生意，开始业绩平平。后来，他看准台湾对外贸易日益频繁的巨大商机，向亲朋好友集资3000万元，组织了一个拖运集装箱的车队，投入货柜运输业。最兴旺时，他手下有八台名牌货车的车头，还有三十几台尾车，每天的订单接连不断。在台湾经济不错的时候，常文驹挣得了"第一桶金"。

上世纪八十年代末，台湾经济开始走下坡，港口吞吐量下降，货柜运输业也不景气了。眼看亏损之势挡不住了，常文驹"壮士断腕"，果断地决定转行。可是，选择什么新的行业呢？常文驹到处查看，还是定不下来。不久，常文驹与几位朋友一起，第一次跨过海峡，到大陆来看看。常文驹亲身体验到了大陆悠久的历史与巨大的变迁。他到了上海就不想走了，敏锐地感到这块宝地正在崛起。他叫朋友先回台湾，他要在上海找点事做。

是做老本行，还是另辟蹊径？常文驹从上海日益增多的台商台胞中，看到了一种需求。

"这么多台湾人来上海，有没有商机呐？我觉得，这些人本身就是商机。于是，我们就想办一个针对上海台商的杂志，目标就是上海台商喜欢看。当然，阅读对象是明确的，地域特征也是明确的，还可以帮助解决他们的困难。用一本杂志报道上海过去、现在、未来。"

　　当朋友们听说常文驹要办杂志，都感觉非常意外。有的人劝他说，你听说过一句话吗，

（杨焕敏-摄）

假如你要害一个人，你就去劝他办杂志，搞不
好就会赔本的。常文驹觉得，事情都是人做出
来的，既然是商机就会有风险。你不做就没有
风险，但机遇也就没有了。与其他全国性的杂
志不同，他给这本台商杂志找到了服务性的定
位：进入上海、深入上海、融入上海。

　　常文驹说，可能你们还不太能体会到，
我们在台湾的中国人的心态。对于我们来说，

上海太多的文化需要我们了解了。你看每一期杂志，我们都会走访一些名人的故居，把一些名人典故发掘出来，这些是我们台商台胞很多人都不陌生的事情。其实在上海，哪怕一条老街、一座旧屋、一个公园里的雕塑，它都蕴藏着很多的文化历史背景。作为一个台商杂志，作为一个中国人的我，就有责任把它们发掘出来，让来上海的台商朋友知道。

当《移居上海》杂志逐步被上海台商认可之后，常文驹觉得，联系的台商越来越多，能够把大家聚拢，就应有一个信息交流的地方。他的想法得到了许多友人的支持。于是，由《移居上海》董事会出资，在兴乐路成立了一个"好望园"咖啡厅，作为《移居上海》的会所。在会所院内的后楼，则是《移居上海》与中国青少年基金会义卖中心合办的"义卖沙龙"。不少上海台商对于公益事业有兴趣，这里提供场所，用以资助"希望工程"。

　　一个刊物到一个会所，常文驹实现着自己的理念："其实能帮助别人，才是最美的事

（梁希毅—摄）

情。"他开办讲座，动员台商朋友投身于公益
活动。"就拿'希望工程'来说，很多人有爱
心，但不懂怎么做。我们请中国青少年基金会
的专家讲课，告诉资助的人，钱用到哪里去。
大家先是捐助盖教室，后来知道师资缺乏，又
捐助培训费用，再送到'希望工程'。帮助台
商在大陆有一个更深入的融合，很多事情要真
心真意地做。我觉得我很踏实。"

1_常文驹在办公室
2_常文驹在编辑部会议上
←

二、

在大批台商西进大潮的开启之际，上海成为许多台商的首选之地，但不少台商出于切身利益的考虑，总是低调应对，不愿大张旗鼓。常文驹却反其道行之，他对台商在上海的未来信心十足，因此敢于主持《移居上海》，公开亮出服务上海台商乡亲的主旨。

刊物的特色也别具一格，集中围绕上海的衣食住行，开辟投资理财、经营策略、生活顾问等栏目，赢得了上海地区台商的喜爱。尤其那些看不懂简体字的台商，更是感到亲切。

常文驹并非办刊专家，但他非常尊重专家。编辑部聘请了台湾资深老报人当顾问，还特别聘用了来自台湾的编辑，请移居上海的台湾人当特约作者。有的文章是大陆作者写，也会请台湾背景的编辑审读。常文驹说："我感到很骄傲的，就是我们的这个团队，关系非常融洽，机动性非常强。我们每一篇文章，绝对不可能是从网上转载的。我们每一张图片，也不会是从其它刊物里面摘录下来的。我们完全是自己来做，所有的人都非常敬业。"

在台北念新闻的主编陈建明，就是从网上知道这份杂志，前来应聘的。陈建明说："那一年毕业之后，我打算找工作，就上网查了一下，也透过朋友的推荐介绍，知道大陆有一家《移居上海》杂志。我原来还想在台北的，听说这边需要人的讯息，就打了通电话到这边，试试看吧。结果，我跟常总谈了大概一分钟，当下就觉得，在这边会更有个人发展的空间。

所以，我就买了一张飞往上海的单程机票，就到《移居上海》来了。"

确实，打开这份杂志，不难发现它的编排与文字，甚至语气，都力求符合台湾人的阅读口味，仿佛原汁原味的台湾本地刊物。

在编辑部，我们遇到了正在这里实习的余冠颖。他今年才二十岁，父亲是来上海投资的台商，他在台湾读完高中后，因为父亲的鼓励，他就考入了上海复旦大学新闻系。余冠颖说，我马上还有一年毕业了，大学三年级，学校老师要求我们实习，那我就选择了《移居上海》。通过在这里的工作，我觉得我更认识了上海，认识一个以前我没有认识过的上海。也是因为实习采访，我也认识了一些台商与台湾来的同胞，视野开阔了。

《移居上海》推介的人物专访，都是台商在上海奋斗出来的佼佼者，同时还有些人，是某一方面卓有成果的杰出人士。曾在台湾西门子公司担任工程师的解仑先生，年轻时就喜欢绘画，只是没有时间，退休后他移居上海，埋头钻研绘画艺术，绘画大有长进。解仑告诉我们，他来上海已十六年了，应该是典型的移居上海的移民。常文驹给解仑做了一期"封面人物"的彩页，对他鼓励极大。如今，他周游世

《移居上海》封面

界各国写生，准备筹备画展。

台商喜欢《移居上海》杂志，因为它定位适当，特色鲜明。杂志开办初期，就有"太太俱乐部"的固定专栏，后来一个专栏延伸为一个团体，将平面文字与立体活动结合，成立"移居上海太太俱乐部"。越来越多随先生移居上海的女士愿意参与其中，让上海的日子成为美好回忆。

负责策划的编辑李佩纯说，"太太俱乐部"至今已有四届了，这是常总的创意。当初

为什么设定"太太俱乐部"呢？就是想到，有些跟着老公到这边来的太太们，她们需要一个平台，可以认识朋友，可以交流。也就是这个原因，才会有"太太俱乐部"，每个月固定有两到三次的活动，定期办一些讲座，会员有六百多人了，非常受太太们的欢迎。

常文驹说，"太太俱乐部"的成员，也是上海慈善基金会的义工，只要他们需要我们，我们就会出去，参加慈善义卖活动，或者参加慈善演出。"太太俱乐部"的讲座内容非常丰富，有美容的，有健身的，有读书的，还有理财的。还组织太太们参观博物馆，到江南游览，帮助她们融入了上海社会生活。太太们心情愉快，也会把她们的心情带回家庭，我们也无形中帮了她们的先生的忙，让他们全家非常地快乐。

（梁希毅-摄）

三、

　　一天晚上八点多钟，黄浦江畔的高楼已
经亮起了灯光。《移居上海》编辑部正忙着发
稿，突然接到了一个电话，是一位江苏吴江的
台商打来，说他到上海办事，同行的另一个台

商突发心脏病，他不知道怎么处理，想不到别的办法，只好向《移居上海》求救。电话转到常文驹的办公室，常文驹对他说，我请你电话不要挂，我们马上帮你联系。

旁边有人说，我们是一本杂志，这种事怎么管啊。常文驹却说，台商有困难找杂志，是对我们的信任。他叫编辑立刻跟上海中山医院取得联系，因为那里成立了台海医疗中心，就是专门对台商的。电话打通了，常文驹告诉对方，有一个外地来的台商心脏很闷，呼吸急促。他问，我让他们把病人送过来，好吗？那边说可以，我们做急诊的准备。

　　本来通知来电话的台商朋友，就可以了，但常文驹不放心。他把那个台商朋友的手机号码，告诉了急诊室值班员，请他打电话联系，告诉他们在送病人的过程中间，应该做怎么样的一个处置。医院人员很负责，很快就与病人朋友取得联系，患病的台商送进了医院急诊部。因为是心脏病，如果不及时送医院救治，

（梁希毅—摄）

或者安全送达，后果不堪设想。

谁知隔了一个多小时，常文驹刚松了口气，又接到了急切的求救电话。原来，这两位台商临时到上海来事，随身携带的钱不够，与台湾家人联系吧，远水救不了近渴，而且他们也不愿让家人着急。患病台商的同伴在电话中对常文驹说，这里住院急诊，要交保证金两万块，我们没带这么多的钱，怎么办。常文驹

说，请你即刻到《移居上海》杂志社来。

常文驹忙找到会计，把两万元现金准备好。当患病台商的同伴打的来到编辑部时，急得满脸通红，汗湿衣衫。他接过两万块钱千恩万谢，转身就匆匆离开，赶往医院。等人走了，会计这才想起来，连个借钱的收据也没打。常文驹劝她别着急，人家救命要紧，没事的。果然，病人转危为安后，借款很快就还回来，而且与常文驹交上了朋友。

常文驹就此受到启发，他向上海台办倡议，《移居上海》杂志与台胞接待中心联手，协助台胞解决医疗、就学、工商等等实际困难与问题。他引以为荣的是，《移居上海》杂志不只是一个平面媒体，也不是单单一本放在书报亭卖的刊物，而是生逢其时，扮演了它与台商密切关联的社会角色，能为台商台胞做很多有意义的实事。他说，他最大的企望，是使这本杂志在台商台胞里面，扮演一个好邻居的角色，帮助更多的人。

（傅宁军）

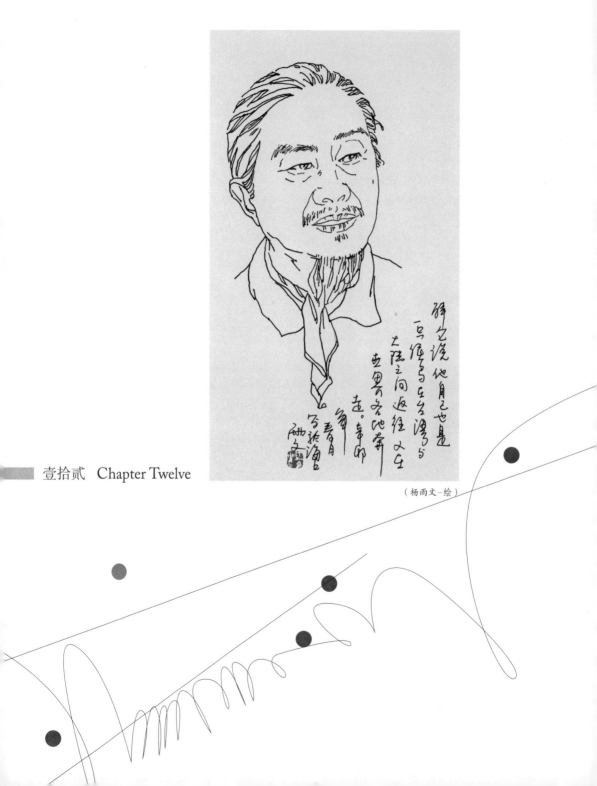

群之说他自己也是一鸟，往来于台湾与大陆之间返往义生亚里等名地奔走。华邮。泰军月
写张海鹰
㗊子霈

壹拾贰　Chapter Twelve

（杨雨文－绘）

解仑：
与梦想同行

　　用某一个称谓似乎很难界定解仑涉及的领域，艺术家、旅行家、兼职教授，加上他的本行企业家？这位移居上海十多年的台湾成功人士，不在乎人家叫他什么家，退休后的日程表依然满满当当，只是秉承一个主旨，那就是"好玩"，以此设计属于自己的人生规划。写生、游历、画展、讲座，他"玩"出了情趣，也"玩"出了意义，精彩纷呈，乐在其中。

一、

在台湾老友的印象中，解仑是一个在商海中游刃有余的佼佼者。当年解仑还有一个高考成绩引发出来的故事。他高中毕业报考台湾师大美术系，做的是艺术之梦。谁知他的大学联考分数非常突出，超出师大取录线一大截，转而被台湾政治大学国贸系录取，那是许多人羡慕的热门高校啊。随后解仑留学美国，在普林斯顿大学研读国际市场学。

1990年，当祖国大陆实行改革开放之后，不少国际大公司敏锐地捕捉到了潜在的商机。解仑供职的德国一家跨国公司不甘落后，董事会决定到大陆开办分支机构，可是找不到懂行的大陆区总裁人选。解仑毛遂自荐，让董事长喜出望外，这样有经验的经理人再合适不过了。

于是，解仑与家人搬到了上海。他身边

（杨焕敏-摄）

的许多人不理解。他在台北的日子过得蛮滋
润，为什么非跑到大陆去打拼？"周围朋友
听说我到大陆开拓市场，用一种惊异的眼神
看着我，好像我脑子坏掉一样。"解仑说，

公司出于鼓励，发给他相当于两倍薪水的"危险津贴"。

　　解仑坚信自己的选择没错。他以国际化的视野，看到了大陆正打开国门，是一片有待开发的巨大市场，提升的空间不可限量，尤其是信息科技领域，蕴含着旺盛的需求。像在台北住在郊区一样，解仑在上海青浦一个小区买了别墅。他说，国外有身份的人大都住郊区，空气清新，交通方便。他庆幸买得早，如今这个别墅所在的地段房价翻了几番。

2002年，即将跨进六十岁的解仑，时常向友人描绘退休后的打算。他要从六十岁起进入"人生第二春"，遍游中国大江南北，游遍世界各地，然后回到上海，将所有眼前的景色定格在画布上。不当总裁要当画家？没人相信解仑的话是真的，只当他是调侃。担任中国区总裁的高级职位，公司规定的退休年龄是六十五岁，提前五年退休的损失显而易见。然而，解仑说到做到，向董事会提出提前退休的申请，并谢绝了慰留。

2003年，解仑"无官一身轻"，背起画板，踏上了外出写生的路途。有人说，退休提早五年，等于少赚将近五千万台币呢。解仑却说，心灵的快乐与自由，是用钱买不来的。有意思的是，解仑少年时代就醉心于油画，读高中时曾在全省美术展览中拿过奖牌，后来阴差阳错投身于商海，他在五十五岁那年就琢磨退休规划了，他要实现"少年梦"。

我很好奇，为什么成功之际急流勇退，重新确立人生目标？为人坦诚的解仑笑曰，一个人无论做什么，人生不过是三个阶段的总和。首先是生命，这是父母赋予的自然形态，由于脆弱，必须珍惜；再者是生存，即挣钱养家、承当责任的谋生本领，做人要做好，做事要到位，赚到安度晚年的财富；最后是生活，用之前的积蓄换来自在与痛快。

解仑晚年当画家的思路，就源于这样的"三分法"。解仑认为，"生存"的本质是积攒"生活"的本钱，因为"生活是一种支出的概念"。他情愿为绘画而付出，"把钱用掉才叫做生活"。他说，有些老年人不懂这门人生基础课程，"赚钱难，花钱更难"，哪里会有自在的心态？

（梁希毅—摄）

二、

　　解仑第一个创作主题，是黄色为基调的
"环球油菜花系列油画"。解仑记得，从台湾
举家迁到上海近郊时，正是清明时节，他在青
浦新家推开窗户，盛开的油菜花扑面而来，在
阳光照耀之下一片辉煌。他赶紧端起数码相

机，胸中奔涌绘画的冲动：凡·高不也喜欢这种金黄色吗！

　　台湾人称油菜花籽为"油麻菜籽"，用来形容微不足道，而解仑喜欢它们组成的金色花海，与花盆、暖房与温室无关，蓬勃向上、生机盎然。他告诉我，在我们之前，祖辈中绝大多数人吃菜油长大，在所有大自然的花卉中，用最大的色块装扮我们地球家园的，就数油菜花了。

　　追踪油菜花，解仑远渡重洋，跋山涉水。在希腊罗得岛，在俄罗斯伏尔加河畔，在美加

1_解仑办画展（宁军−摄）
2_解仑部分作品（宁军−摄）

大平原，凡是油菜花盛开的地方，解仑都不放过。大半个地球跑下来，解仑说，看油菜花最好的地方在我们祖国的腹地，最壮观的在青海湖，最美丽的在云南罗平。三月初，云南罗平14万亩油菜花流绵延数十公里；四月，江南油菜花环绕水乡古镇；五月，关中油菜花在黄土地上铺展。七月，青海湖畔油菜花在高原开放得洋洋洒洒。

　　2004年3月，《黄色·激情》解仑环球油菜花画展在刘海粟美术馆隆重揭幕，这是他在上海举办的第一个画展。前往18个国家，行程6

万公里，解仑百余油画组成《画说环球油菜花之旅》，堪称一大壮举。画展期间，解仑采购了千余盆盛开的油菜花，让人放在美术馆门口和画廊走道，供观众欣赏。画展结束那天，观众可以随意把油菜花搬回家。这种近似于"行为艺术"的作为，是解仑的率性之举，表达着与众分享的初衷。

这一年"罗平油菜花节"，解仑与他的油

解仑在书房（宁军–摄）

□□□□□□□□□

画大受欢迎。他花了一笔可观的费用，把他的几十幅油菜花系列油画，从上海运到罗平山区的农家打谷场。在自家门前看画展，当地农民从没见过。风景如画，画如风景，各地来拍摄油菜花的摄影师们，也没碰到这般有趣的壮观场面。据说，当时一个农民牵着一头水牯牛，悠悠地从打谷场走过，那牛居然看中了油菜花油画，目不转睛地直摇尾巴。主人使劲拉它都

← 6千年古镇（油画）

拉不动，叫大家乐不可支。

解仑亲自充当解说员，给罗平乡亲讲述他的画。他说，让他们在辛勤的劳作中解脱片刻，看看自己的劳动之美。他还说，罗平的油菜花种在梯田上，漫山遍野，层层叠叠，一座山连着一座山，铺满了金黄色，世界上哪个行为艺术家有如此伟大的创举？我画油菜花，也就是在画人，画农人的劳作、辛苦与奉献，他们才是真正的大地艺术家，我心存感激！

不久，解仑又携《黄色·激情》作品回到台湾故乡，在台湾新竹科学园区推出"环球油菜花"画展，带给台湾画坛一股清新之风。因为纬度的关系，在台湾油菜花开得最早是台东

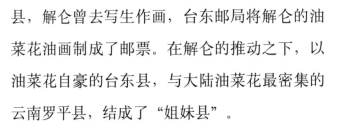

县，解仑曾去写生作画，台东邮局将解仑的油菜花油画制成了邮票。在解仑的推动之下，以油菜花自豪的台东县，与大陆油菜花最密集的云南罗平县，结成了"姐妹县"。

解仑津津乐道的"油菜花"主题，象征着健康、豁达、自然。上海"小学生记者团"访问"解仑爷爷"时，争先恐后地问他，为什么喜欢油菜花？他笑着说："我是一个平凡的人，就如同平凡的却漫山遍野开放的油菜花，人可以平凡，但不能平庸，我要画遍世界上的油菜花。"

↑
本文作者采访解仑

　　解仑确定的又一个主题，是丹顶鹤。他在
台湾新竹办画展时，一只因台风而转向的丹顶
鹤落难在新竹客雅溪湿地，被人误伤。他惦念
这只名叫"丹丹"的丹顶鹤，回上海后前往盐
城射阳丹顶鹤保护区，请教适合野生丹顶鹤的
食谱，送到台北市立动物园，救治迷途的"丹
丹"。他相信因缘巧合，认定是大自然的神秘
召唤，叫他画古人心中的吉祥鸟。

　　已列入一级保护珍稀动物的丹顶鹤，南来
北往于东经123度。解仑从西伯利亚、大兴安岭
到盐阜滩涂再至北海道，顶风冒雪观察丹顶鹤

仙鹤赞歌（解仑自画像）

的生态。在西伯利亚旷野之上，他聘请俄罗斯人体模特儿，与丹顶鹤一起翩翩起舞，画出了"丹顶鹤与裸女"的油画。丹顶鹤为历代文人墨客传诵，但极少有非动物学家，敢于随季节交迭追寻它的候鸟习性。

解仑与丹顶鹤相会相识，他感受着万物因生存适应环境的艰辛，鹤群之所以迁徙，是因为寻觅能够生存的地域。解仑说，他自己也是一只候鸟，在台湾与大陆之间返往，又在世界各地奔走。"其实每个人的心底深处，都在望乡！"他所表述的望乡，不只是狭义的某一地，而是一种心底的呼唤、精神的回归。他用绘画来比喻，与之数十年的离散不能忘怀，到晚年又拾起画笔，他和丹顶鹤之间仿佛有着共通的相似之处。

2004年9月，解仑的《银色·激情》白丹顶鹤系列油画在上海动物园科普馆展出。开幕那晚，火把围绕展馆前的草地，解仑请来管弦乐团演奏《丹顶鹤赞歌》。他走上主席台，向观众讲述一个旁观者记录的"鹤言鹤语"，还在会场提供了6万份折纸，供给人们尤其是孩子折叠纸鹤，让一只只展翅欲飞的仙鹤，带来生态观念与百姓。解仑说，我在现场教折鹤，亲眼目睹了一份份祝福。一位老太太把祝福送给她在北京读书的孙女，在现场整整折了九十九只丹顶鹤；有位小朋友祝福他病中的爷爷身体健康，也折了九十九只鹤；一对恋人折纸鹤祝福他们的爱情"永葆青春"……

接下去，解仑重走"郑和下西洋"的航线，创作了一批《青色·海洋》系列油画，于2006年3月在台北举办《瀚海寄情：解仑海洋创作油画展》，并出版了个人画册。2007年解仑考察各地的著名佛像，以汉唐丝绒为创意材料，画出《天·爱·无极限》的系列油画……

三、

2007年3月17日晚，上海交通大学"董浩云航运博物馆"内，《解仑油画展暨慈善义卖活动》开幕。正在交大海外教育学院担任兼职教授的解仑，拿出自己十幅油画现场义卖，所得款项全部纳入"海外教育学院校友助学基金"，直接用于资助上海交大的贫困在校学生。

滔天巨浪（油画）

让解仑感动的是，来自学院企业高级经理核心课程班、国际总裁班等班级的学员以及各界人士慷慨解囊，"竞价"一路升高。现场的气氛热烈，涌动着爱的暖流，超出了解仑的预期。他说，我绘画本来是"好玩"，能有好心人喜欢，为善事出一点力，这太令人愉快啦。

　　如今的解仑，不再西装笔挺，也不再天天刮胡子，他身着舒适的便装，长发往后梳成了"马尾巴"，嘴边留着胡髭。改变的不只是总裁的形象，还有坐办公室不曾有过的

心境，宽松、达观、随意。他整天笑嘻嘻的，看在眼中的世界总是一片祥和与美好。他的创作规划一个接着一个，人家惊叹于他的成功，但他并非要出名，要的是这种开心的感觉。

在上海青浦，解仑拥有300多平方米的绘画工作室，就紧靠他居住小区的不远，是一处旧厂区的办公楼。解仑租下来后，把几间房间打通了，可以陈列他的画作，可以堆放他的书籍，可以在夜深人静时继续挥笔作画。他说，这么宽大的工作室，叫台北的画家羡慕！他请了一个专职秘书"留守"，用电脑宽带与世界各地联系，他的信息永远最快捷。

一幅地图挂在墙上，上面布满了大头针。解仑解释，他每次去一个地方，回来就插一个大头针，记录自己的足迹，除了祖国大江南北，远及南洋各地、印度洋、马尔代夫、非洲等地。解仑遇到过无数次危险，一次飞机发动机故障，临时紧急迫降，其他人吓得面如土色，他却谈笑风生，毫不在意。他还曾两度遭遇东南亚大海啸，死里逃生，依然乐观。

解仑顺从开朗幽默的天性，自称是"欢喜大师"，自命为"欢喜工作室"。他向我们述说晚年的绘画目标，从上海出发，拎着画板走遍五洲四海，也把画展办到世界各地。回到上海，再对每一步详细规划，而且将以成果应验，谁也无法轻视。解仑梦想成真，乐在其中。"欢喜"的力量是无穷的，做自己欢喜的事感知世界，他激情洋溢，无怨无悔。

（傅宁军）

情色·

Blue

A JOURNEY O

油画·散和对话

ING VEDI

2.

3.

DANIEL CHICH/'06

4.

DANIEL CHICH/'

图书在版编目（CIP）数据

台湾文化人在上海 / 杨雨文主编. —— 福州：海风出版社，2011.10

ISBN 978-7-5512-0008-0

Ⅰ．①台… Ⅱ．①杨… Ⅲ．①文化—名人—介绍—台湾省—现代 Ⅵ．①K825.4

中国版本图书CIP数据核字（2011）第204959号

台湾文化人在上海

杨 雨 文 \ 主编

责任编辑 \ 熊烨

书籍设计 \ 叶浩鹏

责任印制 \ 吴尚联 邢振中

出版发行 \ 海风出版社

（福州市鼓东路187号　　邮编：350001）

出 版 人 \ 焦红辉

印　　刷 \ 福建彩色印刷有限公司

开　　本 \ 787×1092 毫米　　1/16

印　　张 \ 15.5印张

字　　数 \ 40千字　　图　片：301幅

版　　次 \ 2011年12月第1版

印　　次 \ 2011年12月第1次印刷

书　　号 \ ISBN 978-7-5512-0008-0/I · 208

定　　价 \ 86.00元